Cours élémentaire de
GÉOGRAPHIE

PAR ROGIE ET DESPIQUES

LIBRAIRIE
FÉLIX JUVEN
PARIS

MAURICE DESSERTENNE

Prix : 1 fr. 10

PRÉFACE

L'enseignement de la géographie, qui promène les écoliers dans les pays les plus divers, ne convient-il pas tout particulièrement à l'enfance, dont la curiosité est si vive et l'imagination si fraîche? Du moins, en devrait-il être ainsi, semble-t-il.

Et pourtant, par les petits écoliers la leçon de géographie est attendue comme les autres, sans impatience. Le livre-atlas, malgré l'éclat de ses couleurs et la variété de ses illustrations, reste aussi maussade devant l'enfant que le manuel le plus rébarbatif de grammaire ou d'arithmétique.

L'explication du fait est facile. Chaque livre de géographie prétend *décrire la nature* et il procède le plus souvent par *définitions abstraites* ou par *énumérations prolongées.*

Ces définitions seraient-elles exactes — et elles ne peuvent guère l'être, car elles ne tiennent pas compte de l'infinie variété des choses, — que, par leur aspect abstrait et dogmatique, elles ne peuvent qu'échapper à de jeunes enfants.

La nomenclature admet aujourd'hui certains sacrifices reconnus indispensables, mais elle est encore trop considérée comme *la fin* de toute étude géographique alors qu'elle n'est et ne doit être qu'un *moyen*. La géographie est-elle un catalogue d'éléments de la nature ou n'est-elle pas plutôt *l'explication* de la vie à la surface du globe?

Mais pour expliquer un phénomène à des enfants, il faut se garder de toute abstraction, il faut tout simplement le leur faire voir. Et si ce phénomène n'est pas à la portée de l'observation, comment y remédier, sinon par la description, qui reconstitue le phénomène?

La description serait à la géographie ce que la résurrection est à l'histoire. La nomenclature, comme la chronologie, n'est qu'une suite de points de repère.

Aussi, dans ce petit cours élémentaire, la *nomenclature est réduite au minimum* au profit des explications et des descriptions. Nous n'avons pas hésité à raconter l'histoire d'une goutte d'eau ou la vie du fleuve, à montrer le volcan en éruption, à présenter chaque élément de la nature en activité. De même, pour chaque région, nous avons essayé d'en décrire la vie, d'en faire saisir les causes de prospérité ou de décadence plutôt que d'en énumérer les moindres accidents géographiques.

Des *cartes* très peu chargées, des *illustrations* empruntées à des documents authentiques, sont autant de morceaux de nature, qui servent d'exemple au texte. Des *résumés* et des *questionnaires* en facilitent l'étude.

Un tel ensemble, sans négliger de faire appel à l'imagination, donne, croyons-nous, satisfaction à la raison, éveille chez les enfants le sens critique et leur rend plus facile le travail de la mémoire. Il donne en un mot à la géographie *toute sa valeur éducative.*

L.-E. ROGIE — P. DESPIQUES.

TABLE DES MATIÈRES

CHAPITRE PREMIER
La géographie et les cartes.

I. — Comment on apprend la géographie 1
II. — Les cartes géographiques 2
III. — L'orientation 3

CHAPITRE II
Le globe terrestre.

I. — Le système solaire et les planètes 4
II. — La terre dans l'espace 5
III. — Composition du globe terrestre 6

CHAPITRE III
Les mers et les côtes.

I. — L'aspect de la mer 7
II. — Les côtes 8
III. — Les avantages et les plaisirs de la mer . . 9

CHAPITRE IV
Description de la surface terrestre.

I. — Le relief du sol 10
II. — Les eaux et les fleuves 12
III. — Les êtres animés 14

CHAPITRE V
La France.

I. — Le territoire français 16
II. — Les montagnes de la France 17
III. — Les plaines de la France 19
IV. — Les grands fleuves de la France 20
V. — Les côtes et les ports de France 22
VI. — La vie économique de la France 23
VII. — Organisation de la France 24

CHAPITRE VI
L'Europe.

I. — Généralités sur l'Europe 25

CHAPITRE VII
L'Europe méridionale.

I. — L'Espagne et le Portugal 26
II. — L'Italie 27
III. — La Presqu'île des Balkans 28

CHAPITRE VIII
L'Europe centrale.

I. — La Suisse 29
II. — L'Allemagne 30
III. — L'Autriche-Hongrie 31
IV. — La Belgique 32
V. — La Hollande 32

CHAPITRE IX
L'Europe septentrionale.

I. — Les Iles Britanniques 33
II. — Les Etats Scandinaves 34
III. — La Russie 35

CHAPITRE X
L'Asie.

I. — Généralités sur l'Asie 36
II. — Principaux Etats de l'Asie 38

CHAPITRE XI
L'Afrique.

I. — Généralités sur l'Afrique 40
II. — Principaux Etats de l'Afrique 42

CHAPITRE XII
L'Amérique.

I. — Généralités sur l'Amérique 44
II. — Principaux Etats de l'Amérique 46

CHAPITRE XIII

L'Océanie 48

Cours élémentaire

de

GÉOGRAPHIE

CHAPITRE PREMIER
LA GÉOGRAPHIE — LES CARTES

I. — COMMENT ON APPREND LA GÉOGRAPHIE

Votre commune. — Vous connaissez parfaitement votre village, chers enfants, et, si vous habitez une ville, le quartier où demeurent vos parents; rues, boulevards, places, promenades, squares, église, mairie, école, environs, tout vous est familier.

Vous vous représentez fort bien les collines des alentours, les sources où vous allez vous rafraîchir, les carrières où vous prenez si grand plaisir à jouer à cache-cache, les ruisseaux ou les rivières où vous vous exercez à l'art de la pêche.

Vous savez aussi quelles sont les plantes cultivées sur votre territoire, les industries qui s'y sont établies, le commerce qu'on y fait, les marchés qui s'y tiennent, les relations de la commune avec les localités voisines.

Paysage du Pôle Sud.

Vous pourriez même parler des habitants de votre village, de leur caractère, de leurs goûts, de leurs habitudes, de leurs distractions favorites.

Pour résumer tout cela en quelques mots, vous connaissez la *géographie* de votre pays natal.

Qu'est-ce que la géographie? — Il y a dans le monde de nombreuses communes autres que la vôtre, d'autres pays que la France et des pays tout différents.

Chez nous on cultive surtout le blé, la vigne, la betterave; d'autres régions produisent le riz, le coton, le thé, la canne à sucre. Les animaux les plus nombreux sont, dans notre pays, les animaux domestiques : le cheval, le bœuf, le mouton, la chèvre, les poules, les lapins ; ailleurs, on trouve le buffle, l'éléphant, la girafe, l'autruche, le singe, la plupart des animaux sauvages.

Des routes, des chemins de fer, permettent de voyager facilement en France. Mais il y a des contrées complètement dépourvues de routes et où le voyageur doit lui-même se frayer son chemin.

C'est la géographie qui nous apprend tout cela.

La géographie est donc la description des différentes parties de la terre avec leur aspect particulier, leurs produits spéciaux et leurs habitants si divers.

Comment on apprend la géographie. — Il y a plusieurs manières d'apprendre la géographie.

Par l'*observation* d'abord. C'est ainsi que vous connaissez votre localité, ses cultures, ses industries, ses routes, ses fêtes, etc... Mais chacun de nous ne peut voir ainsi qu'un tout petit coin du monde.

Il est aussi possible d'étendre ces connaissances par les *voyages*. Le commis-voyageur, le militaire, le marin et l'ouvrier qui fait son tour de France, apprennent la géographie. D'autres voyagent pour leur agrément et visitent les plus beaux pays comme la Suisse ou l'Italie, ce sont les *touristes*. Vous-mêmes, petits écoliers, n'êtes-vous pas des touristes lorsque, pendant les vacances ou

les jours de fête, vous voyagez avec vos parents en parties de plaisir?

Ceux qui ne peuvent sortir de chez eux apprennent la géographie par les *récits des voyageurs*. Beaucoup de vous ont entendu parler de l'Algérie et des Arabes, de Madagascar et des Hovas, par des frères, des cou-

Explorateur en chasse.

sins, qui ont été soldats ou marins. Vos grands frères lisent des livres d'explorateurs ou d'officiers qui ont pris des notes pendant leurs voyages, et c'est là pour eux une lecture très intéressante.

A l'école, les enfants ont à leur disposition un livre-atlas de géographie, qui leur décrit toute la surface de la terre. Le petit livre que vous avez en ce moment entre les mains en est un.

Résumé. — 1. *Vous faites de la géographie en étudiant le territoire de votre commune.*

2. *La géographie décrit les divers pays du monde, avec leurs curiosités, leurs habitants, leurs villes, leurs cultures, leurs industries.*

3. *On apprend la géographie par l'observation, par les voyages, par les récits et les livres des voyageurs, par l'étude des traités de géographie.*

Questionnaire. — 1. Que savez-vous de votre commune? Quelles sont les rues, les promenades, les monuments de la localité? Quelles plantes y cultive-t-on? etc. — 2. Quels pays avez-vous déjà visités? De quels pays vous a-t-on déjà parlé? Quelles sont les contrées, les villes, dont vous avez lu une description?

II. — LES CARTES GÉOGRAPHIQUES

C'est surtout par les cartes que nous nous représentons les diverses parties de la terre avec leur aspect et leur étendue.

Le plan d'un objet. — Posons un poids en cuivre sur une feuille de papier, et traçons sur la feuille, avec un crayon, le contour du poids; nous aurons le *plan* de cet objet.

Le plan n'est pas l'image complète et exacte de l'objet, mais seulement la place qu'il occupe sur une feuille de papier.

Si l'objet était trop grand et la feuille trop petite, on ferait un dessin de même forme que le précédent. Mais pour que ce dessin puisse être contenu dans la feuille de papier, il serait plus petit, cent fois moins long et moins large par exemple. On aurait le plan à l'*échelle* d'un centième; un objet d'un mètre serait représenté sur le plan par une longueur d'un centimètre.

Voyez et comparez cette photo-

Une salle de classe.

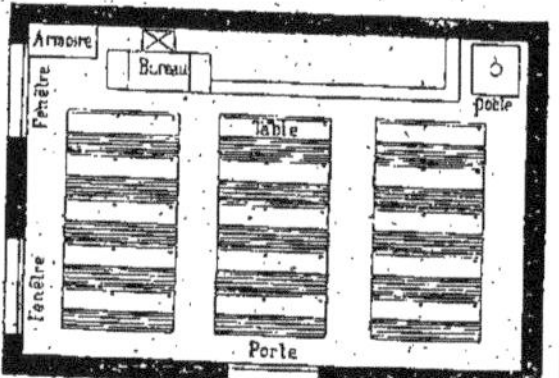
Plan d'une salle de classe à l'échelle de $\frac{1}{100}$.

graphie et ce plan; tous deux représentent la même salle de classe. Mais la photographie vous fait voir la classe avec son mobilier et ses murs; tandis que le plan ne représente que le plancher de la classe et les objets qui reposent sur le plancher; à peu près comme les verrait une personne placée très haut au-dessus de la salle.

La carte de votre commune et de son territoire. — Une carte, c'est la représentation d'une

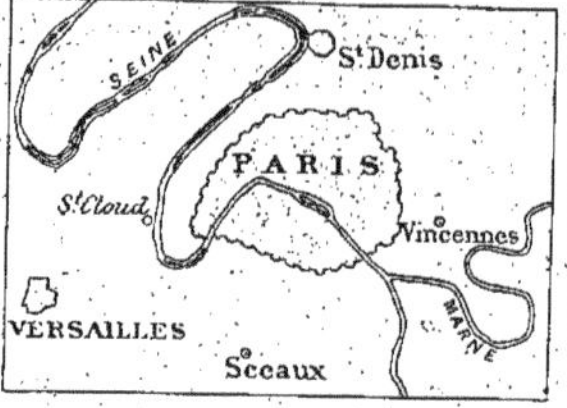
Carte plane de Paris et de ses environs.

partie plus ou moins grande de la surface terrestre.

Examinez la carte ou le plan cadastral de votre commune, et vous y verrez indiquées l'école, l'église, etc.; vous pourrez y suivre les rues, les routes, et y reconnaître les jardins et les champs des environs, les prés, les bois, les ruisseaux.

Mais si nous voulions représenter sur la carte une vaste région, chaque commune n'occuperait plus qu'un tout petit espace, et alors nous serions obligés de marquer par un point la

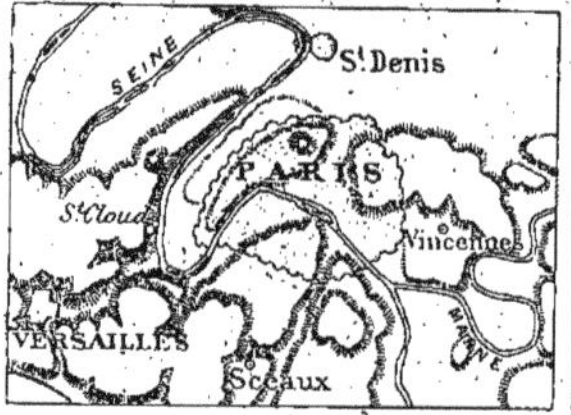
Carte du relief de Paris et de ses environs à l'échelle de $\frac{1}{500.000}$

place des bourgs et des villes. Sur la carte de la France accrochée au mur de la classe, Paris qui a pourtant 12 kilomètres de longueur, n'est plus

représenté que par un petit cercle.

Les différentes sortes de cartes. — Sur certaines cartes, on ne voit pas le *relief du sol*, c'est-à-dire qu'on ne distingue pas les régions basses et les régions élevées; ce sont des *cartes planes*.

Or, il est souvent indispensable de savoir si un pays est plat ou accidenté. Ce renseignement est donné par les *cartes* indiquant le *relief*, où les parties élevées sont indiquées par des hachures et les basses par des teintes claires.

Comme la terre a la forme d'une grosse boule, on la représente aussi par une sphère, appelée le *globe terrestre*.

Globe terrestre.

La lecture des cartes. — Celui qui sait lire les cartes y trouve une foule d'indications. Étudiez la carte de votre canton, et vous saurez bientôt ce que représentent les lignes, les points, etc.

Vous pourrez même y mesurer la distance qui sépare les communes. Lisez-vous au bas : Échelle de 1/1.000.000. Cela veut dire qu'un millimètre sur la carte en représente un million sur le terrain, soit un kilomètre; si donc entre deux villes la distance est de 15 millimètres sur cette carte, cela signifie que les deux villes sont éloignées de 15 kilomètres.

RÉSUMÉ. — 1. *Pour représenter un pays, on se sert de* cartes. *Une carte est le plan d'une contrée. On représente la terre tout entière au moyen d'un globe.*

2. *Il est des cartes qui donnent le relief des pays, ou qui permettent de distinguer les parties élevées et les parties basses. Il faut* apprendre à lire les cartes.

QUESTIONNAIRE. — 1. Comment établit-on le plan d'un objet? — 2. Qu'est-ce qu'une carte? une carte plane, une carte du relief?

EXERCICES. — 1. Tracer le plan de la classe à l'échelle de 1/100. — 2. Faire grossièrement, dans la cour, le plan de la commune; et, avec du sable, indiquer sur le plan le relief du sol. — 3. Reproduire ce plan sur le tableau noir. — 4. Faire faire de nombreux exercices sur les cartes : distinguer les villes, les régions élevées, les régions basses, etc.

III. — L'ORIENTATION

Supposez-vous devant votre école. Vous voulez vous rendre au village voisin. Irez-vous devant vous, ou en sens contraire ? Prendrez-vous à gauche, ou à droite ? Pour le savoir, il faut vous orienter.

Il est nécessaire de savoir s'orienter. — C'est utile à tout le monde, particulièrement aux *militaires*. Bien des soldats se font prendre ou tuer à la guerre parce qu'ils

Patrouille cherchant sa route.

s'égarent. Si les Allemands nous ont battus en 1870, c'est en partie parce que, plus instruits que nous, ils savaient, à l'aide de cartes, se diriger sans erreur. Il faut donc apprendre à lire les cartes et à s'orienter sur le terrain.

Les points cardinaux. — Sur le plan de votre commune est tracée une flèche coupée en croix par une ligne ; aux extrémités de la flèche et de la ligne transversale vous lisez les lettres N. S. E. O.

Ces quatre lettres indiquent quatre directions : le *Nord*, le *Sud*, l'*Est*, l'*Ouest*, qu'on appelle les *points cardinaux*. Voici comment on les détermine.

Le matin, le lever du soleil in-

Orientation.

dique le côté de l'Orient, de l'Est ou du Levant. Un homme qui aurait à sa droite ce côté de l'horizon, aura à sa gauche le côté opposé de

l'horizon, c'est-à-dire l'Occident, l'Ouest ou le Couchant ; devant lui, le Nord ou Septentrion ; et, derrière lui, le Sud ou Midi. On peut encore s'orienter à l'heure de midi, en plantant un bâton verticalement dans le sol. La direction de l'ombre indique alors le Nord et, par comparaison, les autres points cardinaux.

Grande Ourse et Étoile polaire.

Il est facile aussi de déterminer les points cardinaux au moyen de la boussole, dont l'aiguille aimantée se dirige toujours vers le Nord.

La nuit, l'*Étoile polaire* indique la direction du Nord. Voici comment on la trouve : quand le ciel est pur au milieu de la nuit, on distingue parmi toutes les étoiles un groupe de sept plus brillantes que les autres. On appelle ce groupe la *Grande Ourse* ou le *Chariot*, parce que trois de ces étoiles sont disposées en forme de timon, tandis que les quatre autres dessinent un quadrilatère. En prolongeant de six fois sa longueur la ligne formée par les deux dernières étoiles de la Grande Ourse, on tombe sur la première étoile d'une autre constellation, la *Petite Ourse*, et cette étoile très brillante est l'Étoile polaire cherchée.

La rose des vents. — Sur les plans, vous voyez souvent marquées, outre les points cardinaux, quatre directions intermédiaires : N.-E. ou Nord-Est, S.-E. ou Sud-Est, S.-O. ou Sud-Ouest, N.-O. ou

Girouette au-dessus d'un clocher.

Nord-Ouest, c'est ce qu'on appelle

les *points collatéraux*. Ils sont souvent indiqués sur une étoile de fer appelée *rose des vents*, et disposée sur les toits, au-dessous de la girouette.

On ne dessine pas la rose des vents sur les cartes, car les géographes placent toujours en haut de la feuille les pays du Nord et en bas ceux du Midi ; les contrées de l'Est sont donc à droite et celles de l'Ouest à gauche.

Manière de s'orienter au moyen de la carte. — Vous pourriez maintenant, la carte de la France sous les yeux, citer les villes qui sont au Nord, au Sud, etc.

Vous pourriez aussi, une carte en main, trouver votre route. Vous êtes par exemple dans votre commune et vous voulez vous rendre au chef-lieu de canton. Dépliez la carte du canton et tournez le haut vers le Nord ; si le chef-lieu de canton

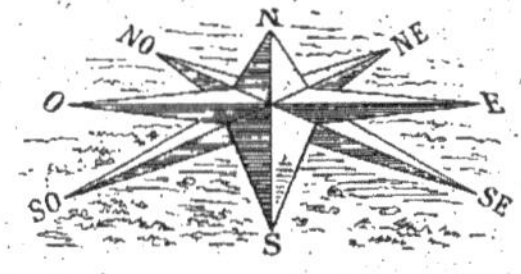

Rose des vents sur le sol.

est figuré au-dessus de votre commune, vous y parviendrez en allant droit devant vous ; est-il placé au-dessous, il vous faudra prendre la direction contraire.

RÉSUMÉ. — 1. *On s'oriente en déterminant la direction des points cardinaux, le Nord, le Sud, l'Est, l'Ouest, et les directions intermédiaires. Le soleil, le matin, donne la direction de l'Est et, à midi, celle du Sud. L'étoile polaire, pendant la nuit, indique la direction du Nord. Sur les cartes, le Nord est en haut, le Sud est en bas, l'Est à droite, l'Ouest à gauche.*
2. *A l'aide d'une carte, on peut facilement reconnaître la situation des pays les uns par rapport aux autres ; et on peut se diriger même dans une contrée que l'on ne connaît pas.*

QUESTIONNAIRE. — 1. Pourquoi est-il nécessaire de savoir s'orienter ? — 2. Quels sont les points cardinaux ? les points collatéraux ? — 3. Comment les détermine-t-on sur le sol ? Comment les indique-t-on sur les plans, sur les cartes ?

EXERCICES. — 1. Tracer la rose des vents dans la cour de l'école. — 2. Faire le plan de la classe et en déterminer l'orientation. — 3. Faire des exercices d'orientation, à l'école, pendant les promenades. — 4. Apprendre aux enfants à s'orienter à l'aide du soleil, de la boussole, de l'Étoile polaire.

CHAPITRE II

LE GLOBE TERRESTRE

L'espace est immense. S'il paraît borné autour de vous, à la surface de la terre, par la ligne d'horizon, vous savez qu'au delà de cette ligne, il s'étend sans qu'on puisse en atteindre jamais la fin.

Au-dessus de vos têtes, dans ce que vous appelez ordinairement le ciel, l'espace est sans limites.

Les étoiles. — La terre n'est pas seule dans cet immense espace.

Considérez le ciel par une belle nuit d'été, vous y verrez de nombreux points brillants, les étoiles.

Ce sont des masses énormes de matières enflammées, qui brillent de leur propre lumière. Elles semblent toutes petites, quelques-unes à peine visibles comme celles de la *voie lactée*, qui apparaissent comme une traînée blanchâtre dans le ciel. Il en est même d'invisibles parce qu'elles sont situées à des distances considérables de la terre et que leur lumière n'est pas encore arrivée jusqu'à nous.

I. — LE SYSTÈME SOLAIRE ET LES PLANÈTES.

Le soleil. — Le soleil est une de ces étoiles, la plus rapprochée de

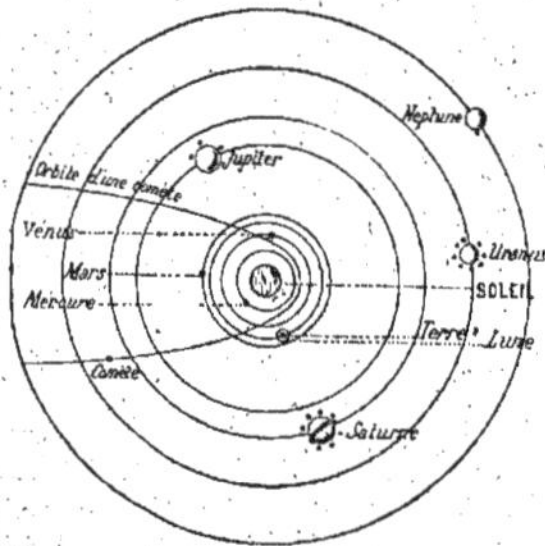

Système solaire.

Ce dessin n'est qu'un plan approximatif du système solaire ; les astres y sont représentés par de simples points sans proportion et les planètes ne décrivent pas des cercles autour du soleil, mais des ellipses.

nous ; cependant il est à plus de 37 millions de lieues de la terre et, à cause de cette énorme distance, il

apparaît dans le ciel à peine grand comme une assiette.

Il n'y a pas longtemps, on croyait que le soleil était le centre du monde ; mais, avec les découvertes de la science, on fabriqua de puissantes lunettes, et il fut permis de constater que toutes les étoiles du ciel étaient des astres aussi puissants que le soleil, mais plus éloignés de nous. Malgré la distance, les vapeurs enflammées qui le composent sont si considérables que le soleil est, pour notre monde, l'unique source de lumière et de chaleur.

S'il disparaissait, tout serait glacé et mort autour de nous.

Le soleil anime, autour de lui, tout un ensemble d'astres moins importants, qui forment ce que l'on appelle le *système solaire*. Ce sont les planètes, au nombre de huit. Les voici par ordre d'éloignement du soleil : *Mercure, Vénus, la Terre, Mars, Jupiter, Saturne, Uranus et Neptune.*

Les planètes. — Les planètes reçoivent du soleil plus ou moins de chaleur ou de lumière suivant leur éloignement.

Elles sont parfois accompagnées d'autres astres plus petits, que l'on nomme des *satellites*. C'est ainsi que la terre, une des huit planètes du système solaire, a comme satellite la lune.

La lune. — C'est un astre cinquante fois plus petit que la terre,

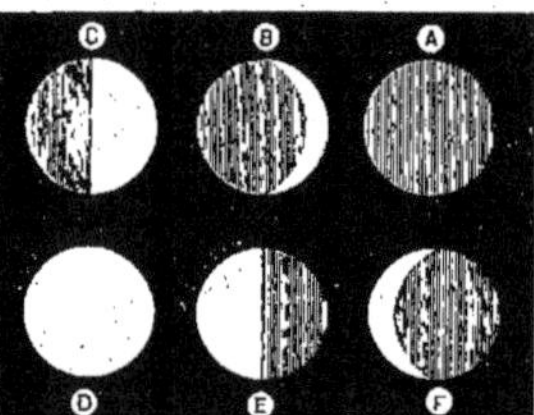

A, la lune disparaît. — B et C, nouvelle lune. — D, pleine lune. — E, F, dernier quartier de lune.

Les phases de la lune.

autour de laquelle elle se meut en tournant en vingt-neuf jours et demi.

Comme elle reçoit sa lumière du soleil, elle n'a pas toujours le même aspect à nos yeux : elle disparaît

quand elle est placée entre la terre et le soleil, parce qu'alors c'est la partie non éclairée, qui est tournée vers la terre. Elle apparaît comme un mince croissant quand elle est de côté entre le soleil et la terre, c'est la *nouvelle lune*. Elle apparaît encore comme un disque brillant quand elle passe derrière la terre par rapport au soleil, c'est la *pleine lune*. Ce sont là les *phases* de la lune.

La lune est un astre entièrement refroidi. Sa lumière, pendant la nuit, est dépourvue de chaleur et aucune vie n'est

Aspect de la lune d'après une photographie.

possible à sa surface.

La lune est très raboteuse, comme accidentée par des bouleversements volcaniques ; certaines parties élevées sont lumineuses ; d'autres, en profondeur, forment des taches d'ombre. On a pu photographier la lune et en faire ainsi une géographie sommaire.

CONCLUSION. — Ainsi la terre, à vos yeux si étendue et qui est en réalité si petite, le système solaire, qui n'est qu'un point infime dans l'espace, tout cela montre la grandeur de l'univers. Il y a là de quoi confondre l'imagination humaine.

RÉSUMÉ. — 1. *L'espace infini est parsemé d'étoiles. Le soleil, une de ces étoiles, est un globe énorme de matières brûlantes ; il est accompagné d'autres astres, les planètes, avec lesquelles il forme le système solaire.*

2. *Les planètes, au nombre de huit, reçoivent la lumière du soleil. Elles sont parfois accompagnées de satellites et tournent autour du soleil.*

3. *La terre, qui est une planète, a comme satellite la lune, astre refroidi, qui nous apparaît sous des formes diverses.*

QUESTIONNAIRE. — 1. Quelles sont les qualités de l'espace ? — 2. Que savez-vous des étoiles ? — 3. Décrivez le soleil : sa composition, son rôle dans l'espace. — 4. Qu'entend-on par système solaire ? — 5. Qu'est-ce qu'une planète ? un satellite ? — 6. Dites ce que vous savez de la lune.

II. — LA TERRE DANS L'ESPACE

Forme et dimensions de la terre. — Comme le soleil et les autres astres, la terre est ronde comme une boule et sa surface est bombée.

Quand un navire approche des côtes, le spectateur, de la terre ferme, aperçoit la partie supérieure du bâtiment avant la partie inférieure, cachée par la courbure de la surface de la mer.

On trouve bien à la surface de la

Courbure de la terre.

terre des inégalités, des hauteurs et des régions basses, mais ces différences sont insignifiantes, comparées à la masse totale du globe terrestre. Ces aspérités ne sont pas plus visibles que celles de la peau d'une orange, qui n'est pas tout à fait lisse.

La terre est cinquante fois plus grosse que la lune, mais beaucoup plus petite que le soleil. Elle mesure 40.000 kilomètres de tour.

Mouvement de rotation de la terre. — La terre semble immobile, mais elle ne l'est pas. Elle tourne sur elle-même comme une toupie sur sa pointe. Sa vitesse est considérable, et pourtant elle n'est pas plus sensible pour nous que celle d'un train en marche pour les voyageurs commodément assis dans leur wagon.

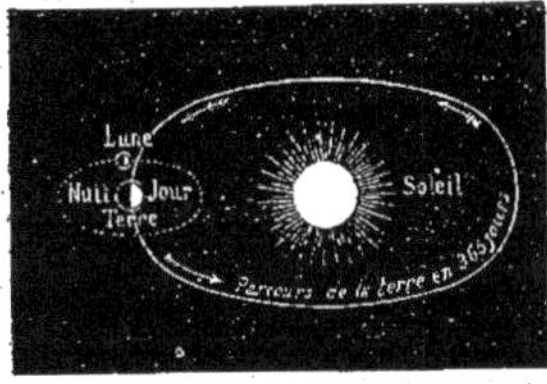

La terre tourne antour du soleil.

Il nous semble bien que c'est le soleil qui tourne autour de la terre et nous disons tous les jours : « Le soleil se lève ; le soleil se couche. » C'est une erreur, une illusion semblable à celle que nous éprouvons, quand, en chemin de fer, nous voyons fuir en sens contraire les poteaux télégraphiques, qui bordent la voie.

Ce mouvement de la terre s'accomplit en 24 heures. Pendant une

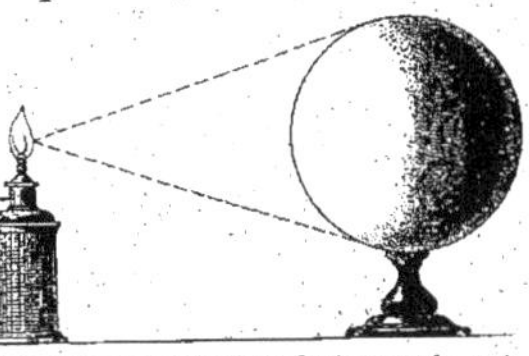

Expérience représentant le jour et la nuit.

partie de ce temps, la terre tourne une de ses moitiés vers le soleil, c'est le jour ; pour l'autre moitié, restée dans l'ombre, du côté opposé au soleil, c'est la nuit.

Mouvement de la terre autour du soleil. — En même temps qu'elle tourne sur elle-même, la terre décrit autour du soleil une courbe plus large que longue, une ellipse.

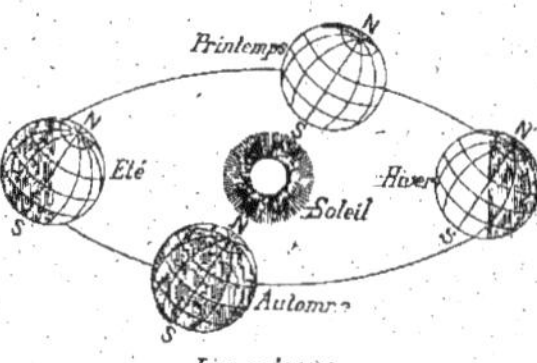

Les saisons.

Ces deux mouvements de la terre peuvent être comparés à ceux d'une toupie, qui, en tournant sur sa pointe, trace un cercle sur le sol.

Pour accomplir cette révolution autour du soleil, la terre met 365 jours environ ; c'est ce qu'on appelle l'année. Elle effectue ce trajet à la vitesse de près de 30 kilomètres par seconde, près de 50 fois celle d'un boulet de canon.

Les zones de température ; l'équateur ; les pôles. — La terre tourne sur elle-même comme si elle était traversée par un pivot légèrement penché, et cette ligne imaginaire est appelée l'axe de la terre. L'extrémité supérieure de cet axe, tournée vers l'Étoile polaire, est le pôle nord, et l'extrémité inférieure, le pôle sud. A égale distance de ces deux pôles, on pourrait faire passer à la surface de la terre une autre ligne imaginaire, horizontale cette fois, qui prendrait le nom d'équateur.

L'équateur partage la terre en deux moitiés : l'une est l'hémisphère nord ou boréal ; l'autre, l'hémisphère sud ou austral.

La terre est plus ou moins chauffée par le soleil. L'équateur est la

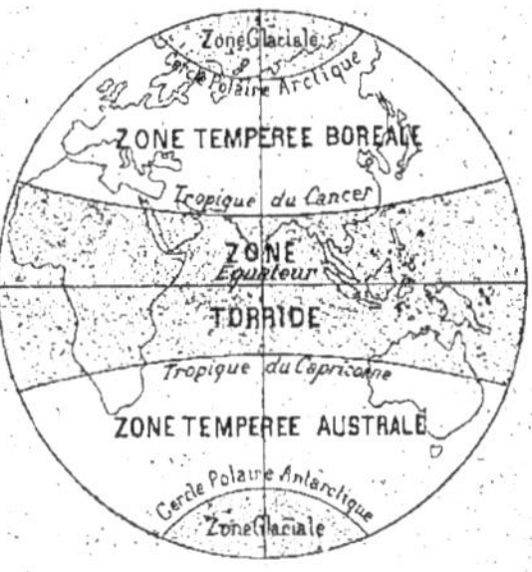

Les zones de température.

partie de la terre la plus directement exposée aux rayons du soleil ; c'est donc la région la plus chaude du globe, c'est la zone torride.

Au nord et au sud s'étendent deux régions, où les rayons arrivent obliques, ils sont donc moins chauds et ces régions, ni trop chaudes, ni trop froides, sont dites les zones tempérées.

Enfin les extrémités, à peine effleurées par les rayons solaires, sont froides ; ce sont les zones glaciales.

RÉSUMÉ. — 1. *La terre est ronde comme une boule ; elle mesure 40.000 kilomètres de tour.*

2. *Elle tourne sur elle-même en 24 heures et ce mouvement de rotation amène le jour et la nuit. En même temps elle décrit autour du soleil un trajet qui dure une année.*

3. *Le mouvement de rotation se fait comme si la terre tournait autour d'un axe un peu incliné, dont les extrémités sont les pôles et le cercle imaginaire, à égale distance des pôles, qui partage la terre en deux parties égales, est l'équateur.*

4. *La terre est plus ou moins chauffée directement par les rayons du soleil et on y distingue cinq zones : la zone torride à l'équateur, deux zones tempérées et deux zones glaciales.*

QUESTIONNAIRE. — 1. Comment prouve-t-on que la terre est ronde ? — 2. Quelle est la mesure du tour de la terre ? — 3. Pourquoi a-t-on cru longtemps que la terre n'était pas en mouvement ? — 4. Qu'est-ce que le jour ? la nuit ? l'année ? — 5. Qu'est-ce que l'axe de la terre ? les pôles ? l'équateur ?

EXERCICES. — Expériences pour faire comprendre les différents mouvements de la terre, la succession des jours et des nuits, les zones de température, etc.

III. — LA COMPOSITION DU GLOBE TERRESTRE

Si l'on en croit les savants, la terre n'aurait été, à l'origine, qu'une partie détachée du soleil.

D'abord, masse de gaz enflammé, la terre brillait comme le soleil, mais elle se serait lentement refroidie dans l'espace et elle est devenue ce qu'elle est aujourd'hui avec quatre parties principales : le noyau central qui est en feu, l'écorce terrestre, l'eau des mers et l'atmosphère.

Le feu central. — Le centre de la terre serait encore composé de matières en fusion, donc brûlantes.

La preuve en est dans ce fait que la température s'élève à mesure qu'on s'enfonce dans l'épaisseur de l'écorce terrestre. Il fait une chaleur insupportable dans le fond des mines, et certaines sources très profondes fournissent de l'eau parfois presque bouillante.

L'écorce terrestre. — La partie extérieure de la terre s'est, au contraire, solidifiée en formant une espèce de croûte, d'une épaisseur évaluée de 30 à 60 kilomètres. Les couches de terrains sont très visi-

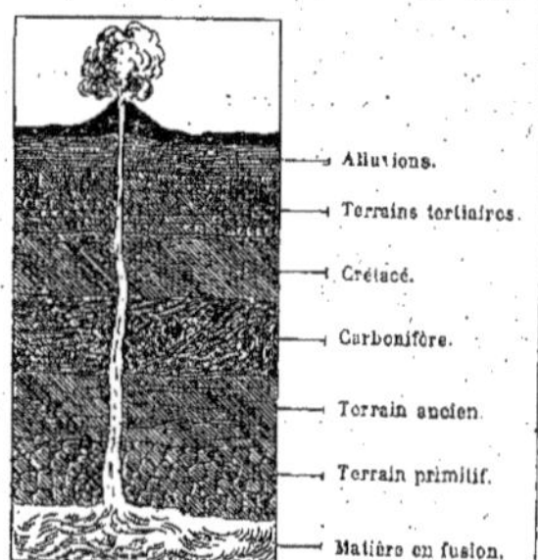

bles quand on creuse le sol, car elles ont un aspect varié et sont de nature très différentes ; les unes, les plus anciennes et les plus profondes, sont faites de *granit*, pierre bleue ou rouge très dure ; les autres, de pierre blanche ou de craie tendre ; les plus nouvelles, à la surface, de terre meuble ou d'alluvions.

De cette enveloppe terrestre, les trois quarts ont été envahis par les eaux et forment les océans ; l'autre quart, resté au-dessus des eaux, constitue les continents, au nom-

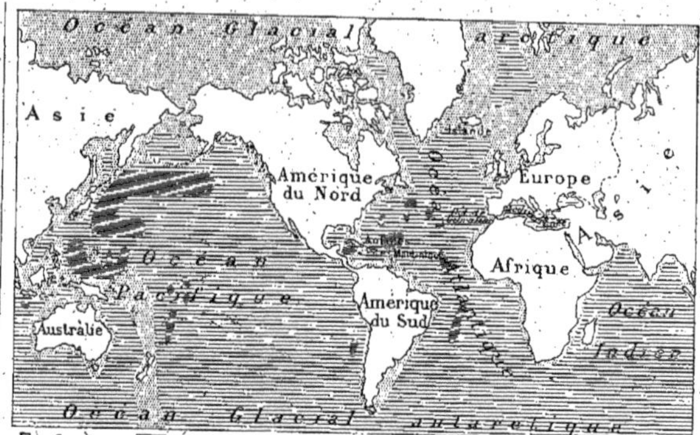

Océans et continents à la surface du globe.

bre de trois : 1° l'ancien continent, le plus vaste de tous, le premier connu de l'homme ; 2° le nouveau continent, découvert par Christophe Colomb en 1492 ; 3° le continent austral, reconnu seulement par les Européens au XVIIIᵉ siècle.

Division des continents. — Les continents se divisent encore en cinq parties du monde.

L'ancien continent comprend trois de ces parties : l'Europe, la plus petite et très découpée par la mer ; l'Asie, la plus grande et très massive ; et l'Afrique, rattachée à la précédente par une petite langue de terre, l'isthme de Suez.

Le nouveau continent forme la 4ᵉ partie du monde, l'Amérique, composée de deux grands triangles, l'un au nord, l'autre au sud, réunis par l'isthme de Panama.

La 5ᵉ partie du monde, l'Océanie, est formée de l'Australie, un véritable continent et de nombreuses îles disséminées dans l'Océan Pacifique.

Les mers du globe. — L'eau ne forme à la surface du globe, qu'un seul et même Océan, qu'on divise le plus souvent en cinq parties : au nord, l'Océan glacial arctique et au sud, l'Océan glacial antarctique sont entièrement gelés.

Entre l'Amérique, l'Europe et l'Afrique, s'ouvre l'Océan Atlantique. Il forme en Europe de nombreuses mers intérieures, dont la plus connue est la Méditerranée.

Entre l'Amérique et l'Asie s'étend le plus grand océan, le Pacifique, qui est parsemé de nombreuses îles.

Enfin, entre l'Afrique et l'Océanie, est l'Océan Indien, violemment chauffé par le soleil et agité par de fréquentes et terribles tempêtes.

L'atmosphère. — Le globe terrestre est entouré d'une couche d'air et de vapeurs, l'atmosphère ; dont il est difficile d'évaluer l'épaisseur. A mesure qu'on s'élève, l'air devient plus rare et ne suffit plus à la respiration humaine.

RÉSUMÉ. — 1. *Le globe terrestre était autrefois brillant et enflammé comme une étoile.*

Il se compose aujourd'hui de quatre parties distinctes : le feu central ; l'écorce terrestre ; l'eau de la mer *et* l'atmosphère.

2. *L'intérieur de la terre renferme des matières enflammées, et la chaleur augmente à mesure qu'on y pénètre.*

3. *L'écorce terrestre, émergée au-dessus des mers, forme trois* continents : l'ancien, *le* nouveau *et le* continent austral. *Ceux-ci sont divisés à leur tour en cinq parties du monde :* l'Europe, l'Asie, l'Afrique, l'Amérique *et* l'Océanie.

4. *La mer couvre les trois quarts de la surface du globe et est divisée en cinq* océans : l'Océan glacial arctique et antarctique, l'Océan Atlantique, Pacifique et Indien.

QUESTIONNAIRE. — 1. Qu'est-ce que le feu central ? Quelles sont les preuves de son existence ? — 2. Qu'appelez-vous écorce terrestre ? — 3. Qu'entendez-vous par continents ? Combien y en a-t-il ? — 4. Que savez-vous des cinq parties du monde ? — 5. Comment est répartie l'eau à la surface du globe ? — 6. Quels sont les principaux océans ? — 7. Qu'est-ce que l'atmosphère ?

EXERCICE. — Faire le croquis de la répartition des terres et des mers.

CHAPITRE III
LES MERS ET LES COTES

I. — L'ASPECT DE LA MER

Formation de la mer. — Aux jours de pluie, vous voyez, chers enfants, l'eau tomber autour de vous. Cette eau ne reste pas en place à moins qu'elle ne tombe sur un terrain plat.

C'est que l'eau est un *liquide*, dont les gouttes glissent facilement les unes sur les autres en suivant la pente du terrain. Les eaux s'écoulent, comme on dit, par les *ruisseaux* et les *fleuves*; elles cherchent les parties les plus basses de l'écorce terrestre; elles s'y accumulent sur d'immenses espaces et y forment la mer, qui couvre les trois quarts de la surface du globe.

L'eau de la mer. — Prenez un peu de cette eau de mer dans le creux de votre main et goûtez. Pouah! quelle grimace vous faites!

En effet, l'eau de mer est *salée*. En faisant évaporer un litre de cette eau, on a constaté qu'il renfermait 28 grammes de sel. C'est là une moyenne dépassée dans les mers des régions chaudes.

Emplissez un verre d'eau de mer, il vous paraîtra sans couleur. Cependant la mer est colorée, en bleu dans la Méditerranée, en vert dans l'Atlantique. Cette coloration est due à toutes sortes de causes : à la profondeur de l'eau, au reflet du soleil et des nuages, aux plantes ou aux boues mélangées à l'eau de la mer.

Chauffée par l'ardent soleil, à l'équateur, l'eau de la mer est tiède à sa surface; aux pôles, elle est au contraire glacée; chez nous, dans les régions tempérées, sa chaleur varie de l'été à l'hiver.

Mais, à une certaine profondeur, l'eau de mer reste toujours à la même température : elle n'est ni chaude, ni froide, à quelques degrés au-dessus de zéro.

La vie dans la mer. — La vie se manifeste, dans la mer comme sur la terre, par la présence d'êtres animés, plantes et animaux, surtout dans les eaux de la surface, éclairées et échauffées par le soleil.

Les plantes marines sont les algues, si nombreuses dans les mers

chaudes de l'équateur qu'elles couvrent de grandes étendues. Il y en a de toutes les couleurs, de toutes les formes, de toutes les dimensions, les unes à peine visibles, les autres gigantesques, longues de plus de 200 mètres.

La mer est aussi peuplée par des animaux divers. Il y en a de gros comme la *baleine*, qui peut peser 200.000 kil. le *phoque* qui vit dans

Pêche de la baleine.

les mers polaires; il y en a aussi de petits comme les *harengs* ou les *sardines*, qui vont par bandes à travers la mer. Presque tous se trouvent dans les eaux de la surface, éclairées et chauffées par le soleil, mais quelques-uns vivent à une grande profondeur bien loin de la lumière : ils sont tout blancs et n'ont pas d'yeux.

Les poissons se multiplient avec une prodigieuse rapidité, mais l'homme en prend beaucoup par la pêche, et ils se mangent les uns les autres.

L'agitation de la mer. — La mer est rarement tranquille, unie comme un miroir.

Au moindre vent, cette surface se ride, se plisse en ondulations appelées vagues. Quand le vent est violent, dans les tempêtes, les vagues s'élèvent à 10 ou 15 mètres, ce sont de véritables

Un cyclone.

montagnes d'eau qui menacent d'engloutir les vaisseaux.

Quelquefois la tempête s'élève avec des vents violents en tourbillons qui pompent l'eau de la mer et l'élèvent en colonne, c'est le cyclone qui occasionne de terribles ravages.

Chaque jour, et à deux reprises différentes, la mer semble s'enfler et déborder sur le rivage, c'est le *flux*; puis elle recule, en découvrant la partie du rivage envahie par elle, c'est le *reflux*. Ces deux mouvements, provoqués par l'influence de la lune et du soleil sur la mer, s'appellent la marée, qui n'est pas sensible dans les mers fermées comme la Méditerranée.

Aux embouchures des grands fleuves, il se produit aussi un choc entre les eaux de la mer et celles du fleuve animées d'un mouvement contraire. Ce choc amène la formation d'une grosse vague, la barre, qui gêne l'entrée du fleuve.

Marée montante.

Enfin, on constate dans l'océan l'existence de courants. L'eau coule des régions froides des mers vers celles qui sont chaudes ou inversement. Les marins utilisent ces courants dans leurs voyages.

Résumé. — 1. *L'eau s'écoule à la surface de la terre, vers les parties les plus basses où elle forme la grande mer.*

2. L'eau de la mer est salée, d'une couleur verte ou bleue, quand elle est prise en grande masse; elle est chaude à la surface et elle reste d'une température égale à une grande profondeur.

3. La mer est garnie d'algues à sa surface et peuplée de très nombreux animaux.

4. Elle est agitée par le vent, qui forme des vagues, aussi par la marée et enfin par les courants.

Questionnaire. — 1. Pourquoi l'eau qui tombe sur la terre s'écoule-t-elle vers la mer? — 2. Quelles sont les qualités de l'eau de la mer? — 3. Que savez-vous des plantes de la mer? — 4. Énumérez les poissons qui y vivent. — 5. Qu'est-ce qu'une vague? — 6. Décrivez une marée. — 7. Qu'est-ce que la barre? — 8. Qu'est-ce qu'un courant?

II. — LES CÔTES

Lorsque vous allez à la mer, vous vous arrêtez en un endroit où la terre semble finir et disparaître sous l'eau. Cette ligne de séparation entre la mer et la terre, c'est la côte.

L'aspect des côtes. — Les côtes n'ont pas partout le même aspect.

Si le pays voisin est une plaine, la côte s'incline doucement vers la mer ; elle est basse, facilement envahie par les vagues et il s'y forme souvent des flaques d'eau dormante

Étang de Berre (Méditerranée).

appelées étangs. Quelquefois le sable, rejeté par la mer et soulevé par les vents, s'y amasse en talus élevés, ce sont les dunes. Poussées par les vents du large, ces dunes menacent d'engloutir les villages voisins et il a fallu les fixer en les garnissant de plantes.

Si le pays est montagneux, la côte est haute ; elle apparaît sur la mer comme une muraille de rochers coupés à pic, c'est la falaise, qui, sans cesse exposée à l'assaut des flots, présente un aspect étrange.

L'action de la mer sur les

Vue du mont Saint-Michel (Manche).

côtes. — La mer, toujours agitée, bat les côtes, surtout les falaises élevées : les vagues en frappent le pied à coups redoublés et, à la longue, la falaise minée s'écroule en blocs énormes. La mer entraîne ces blocs, les brise en morceaux plus

petits, qu'elle roule et polit dans ses flots, ce sont les cailloux arrondis que vous voyez sur le rivage

Helgoland, île de la mer du Nord.

et que vous appelez des galets.

En d'autres points au contraire, la mer dépose sur la côte de grosses masses de sable et ainsi la terre gagne chaque année quelques mètres sur la mer, comme dans la baie du mont Saint-Michel.

Les côtes basses résistent cependant assez mal aux flots et, dans certains pays comme en Hollande, il a fallu les protéger par des remblais en terre ou en pierre, les digues.

Les formes des côtes. — L'ac-

Baie et presqu'île de Monaco (Méditerranée).

tion de la mer donne aux côtes une forme très irrégulière.

Les parties plus dures, qui ont

Cap Nord (Norwège).

résisté à l'action des flots, paraissent au contraire avancées en pointes

dans la mer, ce sont les caps.

Les parties les moins dures, composées de terre meuble, se sont dissoutes dans l'eau de la mer, qui s'est avancée dans l'intérieur du pays en y dessinant une échancrure, le golfe ou la baie.

Quand la partie résistante a été tout à fait séparée de la terre ferme et est entourée d'eau de tous côtés, elle forme une île et l'espace de la

Détroit de Gibraltar (Méditerranée et Océan Atlantique).

mer compris entre l'île et le continent s'appelle un détroit.

Si la partie résistante a une assez grande étendue et reste rattachée au continent par une langue de terre, elle est une presqu'île et la langue de terre prend le nom d'isthme.

RÉSUMÉ. — 1. *La côte est la ligne de séparation entre la mer et la terre. Elle a différentes formes : elle est basse et couverte d'étangs ou de dunes ; elle est haute ou rocheuse en forme de falaise.*

2. *La mer toujours agitée abat les falaises et, des débris, forme les galets ; il a fallu protéger les côtes basses par des digues. Quelquefois elle apporte des sables à la côte.*

3. *Les côtes sont très irrégulièrement découpées par les golfes ou baies, les caps, ou les presqu'îles. Elles sont bordées d'îles, dont elles sont séparées par des détroits.*

QUESTIONNAIRE. — 1. Qu'est-ce que la côte ? — 2. Décrivez une côte basse, une côte élevée. — 3. Qu'est-ce qu'un étang ? une dune ? une falaise ? — 4. Comment sont façonnés les galets ? — 5. Pourquoi construit-on des digues sur le bord de la mer ? — 6. Qu'est-ce qu'un golfe ? un cap ? une île ? un détroit ? une presqu'île ? un isthme ?

III. LES AVANTAGES ET LES PLAISIRS DE LA MER

Le rôle de la mer. — La mer, à cause de son étendue, exerce une influence considérable à la surface du globe. Elle est le réservoir inépuisable de vapeurs et de pluies, indispensables à la terre.

De plus, comme l'eau en grande quantité reste à une température à peu près égale, la mer, grâce aux courants formés sous l'équateur et développés très loin, réchauffe des pays, qui, autrement, seraient très froids : la France, par exemple, est tempérée par le contact d'un courant chaud de l'Atlantique.

La mer est un réservoir de sel : sur les côtes basses, les hommes creusent des bassins peu profonds, enduits d'argile, où ils amènent l'eau

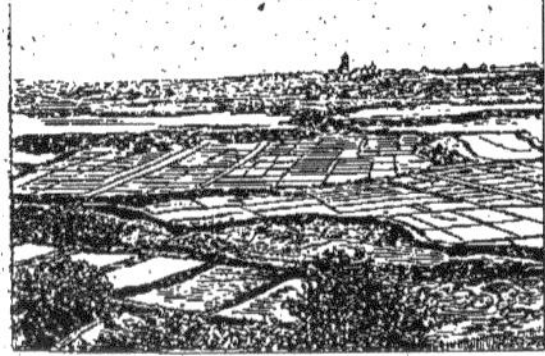

Marais salants.

de mer en faible épaisseur. Celle-ci s'évapore au soleil et il ne reste plus qu'une couche de sel, qu'on enlève aussitôt pour l'épurer. Ce sont les marais salants.

La pêche. — L'homme recherche aussi les poissons pour sa nourriture ou pour l'industrie.

En Bretagne, les pêcheurs guet-

Arrivée d'un paquebot au Havre.

tent, le long des côtes, les bancs de sardines ou de harengs au moment de leur arrivée.

Les Bretons vont aussi très loin, en Islande, au banc de Terre-Neuve, pêcher la *morue*. Ils s'installent, au milieu du brouillard épais et froid, dans une petite barque et ils pêchent à la ligne de longues journées, au risque d'être fracassés par un gros navire ou engloutis par la tempête. La grande pêche est un métier dangereux.

La navigation. — La mer n'est pas une barrière pour les hommes, elle les rapproche, au contraire, car ils ont appris de bonne heure à la traverser au moyen de bateaux.

D'abord, les premiers hommes n'avaient que de petits bateaux et ils n'osaient s'éloigner des côtes ; puis ils en construisirent de grands, des navires ; ils y adaptèrent des voiles pour utiliser la force du vent. Aujourd'hui les navires, très grands, sont mûs par une hélice, mise en mouvement par la force énorme d'une machine à vapeur ; ce sont les paquebots, de 150, 180, 200 mètres de long, qui servent à transporter les marchandises et les voyageurs.

Pour se guider sur la mer, les hommes utilisent la boussole, qui

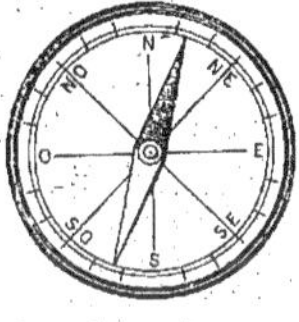

Boussole.

indique toujours la direction du nord. Ils ont établi des cartes marines en notant les rochers dangereux, les passages difficiles ou peu profonds. Pour la nuit, ils ont bâti des phares sur la côte ; ce sont de hautes tours munies de puissantes lanternes, garnies de verres de différentes couleurs et au moyen desquels on peut faire des signaux lumineux, qui portent très loin en mer.

Enfin les hommes ont utilisé les golfes et les embouchures de fleuves, où la

Phare de Calais.

mer enclose reste calme et ils ont creusé de grands bassins, qui ser-

vent de refuge aux navires. Ce sont les ports : là, les navires déchargent leurs marchandises, en chargent d'autres ou peuvent faire leurs réparations. C'est par les ports que se fait aujourd'hui la plus grande partie du commerce.

Les plaisirs de la mer. — Pendant les grandes chaleurs de

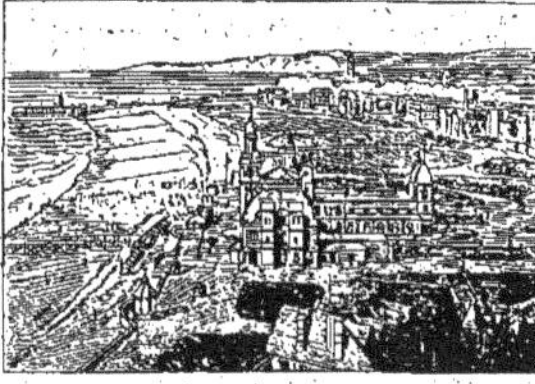

Plage de Dieppe.

l'été, la mer est une source de fraîcheur. Les habitants des villes s'y rendent en grand nombre : quelle joie de prendre le bain sur la douce plage de sable ! quel plaisir de poursuivre crabes et crevettes dans les flaques d'eau et de détacher les coquillages des rochers ! quelles bonnes parties de barques on peut faire avec les pêcheurs ! quelles belles fêtes que ces régates, où de jolis bateaux rivalisent de légèreté et de vitesse ! Heureux les enfants qui vont passer leurs vacances à la mer !

RÉSUMÉ. — 1. *La mer fournit de l'eau à la terre, elle la réchauffe et lui offre du sel et des poissons.*

2. *La pêche est pratiquée ou le long des côtes pour la sardine et le hareng, ou très loin pour la morue ; c'est un métier dangereux et rude.*

3. *L'homme voyage sur la mer avec des navires, mus à la voile ou à la vapeur ; il se dirige au moyen de la boussole, de cartes marines et de phares et il aborde la terre dans les ports.*

4. *La vie à la mer est saine ou agréable.*

QUESTIONNAIRE. — 1. Quel est le rôle de la mer ? — 2. Pourquoi adoucit-elle le climat des continents ? — 3. Qu'est-ce qu'un marais salant ? — 4. Que savez-vous de la pêche de la sardine ou de la morue ? — 5. Comment l'homme voyage-t-il sur la mer ? — 6. Qu'est-ce qu'un port ? — 7. Quels sont les plaisirs de la vie à la mer ?

EXERCICES. — 1. Jeter deux ou trois seaux d'eau dans la cour au sol bossué et y étudier les formes des côtes. — 2. Provoquer dans une assiette l'évaporation d'une certaine quantité d'eau salée. — 3. Raconter un de vos voyages à la mer : les vagues, la marée, la tempête. — 4. Un voyage le long des côtes : formes, phares, ports, navires, etc.

CHAPITRE IV

DESCRIPTION DE LA SURFACE TERRESTRE

I. — LE RELIEF DU SOL

Lorsque vous vous promenez dans la campagne, l'aspect varié du paysage vous étonne. La route que vous suivez monte ou descend et, à vos côtés, la surface de la terre est ondulée avec des creux et des saillies.

Toutes ces formes constituent le relief du sol et elles se ramènent à trois principales : les montagnes, les plateaux et les plaines.

1° Les montagnes. — Ce sont des amas de roches et de terre, qui s'élèvent très haut au-dessus des pays environnants.

Dans une grande partie de la France, ces masses sont peu importantes, sans élévation ; ce sont des coteaux ou des collines. En d'autres points, à l'Est ou au Sud, dans les Pyrénées ou les Alpes, les montagnes offrent un aspect formidable.

A cause de leur grosse masse et de leur élévation, vous les voyez de loin. Approchez-vous, la route devient de plus en plus accidentée, vous voilà au pied ou à la base de la montagne.

Bientôt même, il vous sera presque impossible d'avancer : la pente est rapide, presque verticale. Vous voilà arrêtés par des entassements de rochers ou par des trous profonds entre les rochers, les ravins. Il vous faut contourner ces obstacles et, après de nombreux et longs détours, vous arrivez enfin au point le plus élevé de la montagne : la cime ou le sommet. De là, en récompense de vos efforts, vous pouvez jouir d'une vue magnifique.

Les systèmes montagneux. — Les montagnes ne sont pas toujours isolées. Quand elles sont serrées les unes contre les autres, elles forment un massif ; alignées comme une muraille, c'est une chaîne.

Entre des montagnes voisines et opposées, les pentes plus ou moins rapides sont comme les murs de véritables couloirs, parfois assez larges, par où s'échappent les eaux, ce sont les vallées. Si la vallée est très étroite, bordée de rochers à pic,

c'est une gorge ou un défilé. Ces vallées sont très utiles parce qu'elles permettent de circuler dans des montagnes qui paraissaient inaccessibles.

De même, dans une chaîne, le sommet n'est pas toujours à la même hauteur. La chaîne présente des parties plus basses, des échancrures ou cols, par où il est facile de franchir la montagne et de descendre sur la pente opposée.

Gorge de Bingy-Parmelan en Savoie.

Il ne faut donc pas croire que les montagnes sont des barrières infranchissables entre les peuples : si l'homme n'a osé, pendant longtemps, s'y aventurer, c'est qu'il était ignorant, effrayé par le chaos terrible de la montagne. Aujourd'hui, plus instruit, il les parcourt sans crainte et il sait s'y diriger. Il les traverse par des routes et même par des chemins de fer.

Aspect de la montagne. — La montagne, mieux connue, est aussi mieux appréciée. Autrefois elle écartait les hommes, elle les

Aspect de la montagne.

attire maintenant par la variété et la richesse de ses aspects.

On a dit souvent que la montagne était infertile. C'est une erreur. Partout où elle a a de la terre végétale, c'est-à-dire dans les parties basses et moyennes, dans les creux des rochers, la montagne se couvre de végétation.

Gravissez les Alpes, par exemple, vous y trouverez presque toutes les plantes disséminées à la surface du

Pâturage dans les Alpes.

globe. Dans les basses vallées bien chaudes, ce sont des champs de blé, d'oliviers, de vignes, qui font la richesse du pays ; un peu plus haut, on cultive encore la pomme de terre ou le seigle.

La vallée a aussi des pentes garnies de forêts : chênes, hêtres et bouleaux, qui, par leurs racines, retiennent l'eau ; à une grande hauteur, 1.000 à 2.000 mètres, la forêt persiste avec des arbres résineux : pins et mélèzes.

Chute d'eau dans le Dauphiné.

Ces hautes vallées sont très animées : l'homme en attaque les rochers pour en tirer des matériaux de construction ; il utilise la force des cours d'eau impétueux pour animer des scieries, des tissages ou d'autres usines. La montagne est devenue aujourd'hui un centre industriel. On a justement donné le nom de *houille blanche* aux chutes d'eau des glaciers.

Au delà de 2.000 mètres, le froid est rigoureux pendant une grande partie de l'année, mais, pendant l'été, la montagne se couvre d'une herbe drue et fine, parsemée de mille fleurs odoriférantes. Les troupeaux de la plaine viennent y chercher une nourriture fraîche : les bergers vivent, de juin à septembre, dans de petites maisons de bois, les *chalets*, occupés à travailler le lait de leurs vaches et de leurs chèvres; ils en font un fromage délicieux.

Enfin, vers 3.000 mètres, il n'y a

Alpinistes sur la mer de glace.

plus que des rochers couverts de *neiges éternelles*. Le froid y est permanent; la végétation, à peu près nulle, n'offre plus que quelques mousses ou lichens; les seuls animaux qui y vivent sont sauvages comme l'agile chamois ou l'aigle, roi des airs.

La neige s'accumule en masses parfois si épaisses qu'elle roule le long de la montagne en écrasant tout sur son passage, ce sont les avalanches; d'autres fois elle se presse, se tasse et forme d'énormes amas de glace, les glaciers, qui alimentent les fleuves pendant l'été.

Même cette partie désolée de la montagne a ses avantages : c'est une réserve d'eau pour les pays voisins. C'est aussi le rendez-vous des touristes, des poètes, des artistes, qui viennent admirer les beautés des paysages et les jeux admirables de la lumière sur les neiges. Les alpinistes se plaisent à gravir les hauteurs les plus redoutables. Les savants ont construit sur ces hauteurs des *observatoires*, où ils étudient la formation des nuages, de la neige ou de la pluie. Enfin la montagne, avec ses forêts et ses glaciers, offre un air pur et réconfortant : elle a des populations robustes et résistantes à la fatigue; elle guérit les malades qu'on lui envoie.

2°. Les plateaux. — Moins élevés que les montagnes, les plateaux sont aussi de grosses masses de terre et de roches, mais le sommet, au lieu d'être terminé en pointe, est plat ou ondulé.

Battus des vents, brûlés par le soleil, le plus souvent privés d'eau, les plateaux sont infertiles, et quelquefois très peu habités. Les plus grands plateaux, en Asie ou en Amérique, sont des déserts, c'est-à-dire des contrées privées d'habitants.

3° Les plaines. — En quittant la montagne, le voyageur, qui suit la vallée d'un cours d'eau, descend dans un pays plat, où la marche est facile : c'est la plaine.

Petites ou grandes, les plaines sont les parties les plus basses de la surface terrestre. Elles sont souvent abritées contre les vents par les montagnes et ont une température plus douce; formées de débris arrachés aux montagnes environnantes, elles ont un sol mou, pénétré facilement par l'eau des pluies. Aussi les hommes se rassemblent là pour cultiver ce sol fertile, et, quand vous voyagez dans la plaine, vous ne voyez que de riches moissons. Les points les plus peuplés du globe sont les grandes plaines d'Asie ou d'Europe.

Volcans. — Si la surface de la terre est ainsi accidentée, c'est que l'écorce terrestre n'est pas toujours immobile. Elle est parfois ébranlée

Volcan le « Stromboli ».

par l'action des matières enflammées et des vapeurs brûlantes, renfermées à l'intérieur de la terre. Il se produit alors des secousses terribles, qui agitent le sol, font crouler les maisons, glisser les montagnes, ce sont les **tremblements de terre**.

Quelquefois l'intérieur de la terre communique avec la surface par un volcan : c'est une espèce de cheminée qui traverse l'écorce terrestre et est terminée en haut par une ouverture circulaire évasée, le cratère.

Lorsque les matières enflammées bouillonnent à l'intérieur de la

terre, il se produit une éruption. On voit s'échapper du cratère de gros nuages de fumée accompagnés de violentes détonations; puis ces matières enflammées, faites de pierres fondues et qu'on appelle la lave, montent dans la cheminée du volcan, débordent par le cratère et se répandent au dehors en brûlant tout sur leur passage. La lave, en se refroidissant, durcit et forme des roches accumulées autour du cratère, c'est ce qui donne aux volcans la forme des montagnes, comme pour les **Puys d'Auvergne.**

Les éruptions volcaniques sont très dangereuses : celle du Mont

Chaîne des Puys en Auvergne.

Pelé, dans l'île de la Martinique, en 1902, détruisit en quelques minutes une ville de 25,000 habitants, située au pied du volcan.

Résumé. — 1. *La surface de la terre est accidentée; on y voit des* montagnes, *des* plateaux, *et des* plaines.

2. *Les montagnes ont un sommet élevé avec des pentes rapides. Elles forment des massifs ou des chaînes et sont séparées par des vallées. Leur aspect est très varié de la base au sommet.*

3. *Les plateaux ont des hauteurs moyennes et une surface plane ou ondulée.*

4. *Les plaines, plus basses, sont formées des débris des montagnes entraînés par les eaux; elles sont chaudes et fertiles.*

5. *L'écorce terrestre n'est pas définitivement constituée; elle est encore secouée par les* tremblements de terre *et les* éruptions volcaniques, *qui dévastent des contrées entières.*

Questionnaire. — 1. Qu'est-ce que le relief du sol? — 2. Énumérez, en les décrivant, les différentes parties d'une montagne. — 3. Qu'est-ce qu'un massif? une chaîne? une vallée? une gorge ou un défilé? un col? — 4. Les montagnes sont-elles des barrières entre les peuples? — 5. Qu'est-ce qu'une avalanche? un glacier? — 6. Qu'est-ce qu'un plateau? En quoi diffère-t-il d'une montagne ou d'une plaine? — 7. Quels sont les effets d'un tremblement de terre? — 8. Décrivez un volcan, une éruption volcanique.

II. — LES EAUX ET LES FLEUVES.

La surface de la terre, dont vous venez d'étudier les formes, ne conserve pas toujours le même aspect. Cette surface est au contraire sans cesse transformée par l'action perpétuelle des eaux, qui tombent sous forme de pluie ou de neige et s'écoulent ensuite vers la mer.

Aussi, petits enfants, pour vous faire bien comprendre le rôle des eaux dans la vie du globe terrestre, nous allons, si vous le voulez, interroger une goutte d'eau. Elle nous dira son histoire.

Histoire d'une goutte d'eau.

— « J'étais, nous dit la goutte d'eau, perdue au milieu de l'immense océan, lorsque, sous les rayons ardents du soleil, je me sentis tout à coup changée. Je venais de subir, paraît-il, le phénomène de *l'évaporation*, c'est-à-dire que j'avais été transformée en vapeur, absolument comme l'eau d'une marmite, exposée au-dessus d'un grand feu.

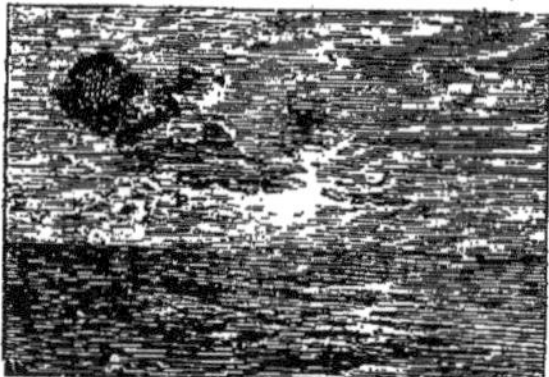

Effet de nuage.

« Je m'élevais, à peine visible dans le grand ciel, où j'errai avec d'autres vapeurs au souffle des vents. Parvenues à une hauteur considérable, nous fûmes toutes saisies par le froid très rigoureux qui règne là-haut, réunies les unes aux autres et changées en fines gouttes d'eau par le phénomène de la *condensation*. »

Ne vous étonnez pas, chers enfants, de ces changements. Vous les constatez autour de vous : lorsque vous faites passer la lame froide de votre couteau au-dessus de la chaudière de la cuisine, remarquez comme la vapeur en s'y déposant forme de petites gouttes d'eau.

Les nuages et la pluie. —

« Serrées les unes contre les autres, nous formions un nuage et notre grosse masse sombre était assez épaisse pour intercepter la lumière du soleil. Mais devenues trop lourdes, nous fûmes entraînées vers les régions inférieures ; voilà comment je tombai sous forme de pluie à la surface de la terre avec beaucoup d'autres de mes compagnes.

La source et le ruisseau. —

« Mon voyage n'était pas terminé. J'étais tombée sur un sol de sable, qui nous absorba rapidement comme le ferait un papier buvard d'une goutte d'encre et je me perdis dans ses profondeurs pour m'arrêter à une couche de terrain plus dure,

Circulation de la goutte d'eau dans la nature.

qui ne laissait passer aucune goutte d'eau.

« Nous étions rassemblées là en grand nombre et nous formions une vaste nappe d'eau souterraine. Je pus m'échapper par l'extrémité de la nappe, qui affleurait à la surface du sol et s'écoulait par un mince filet d'eau. Cette porte de sortie était la source et le cours d'eau formé par elle, le ruisseau, allait se perdre avec beaucoup d'autres semblables dans un plus grand, où je retrouvai des compagnes, qui avaient fait un trajet différent.

Les glaciers. —

« Elles s'étaient

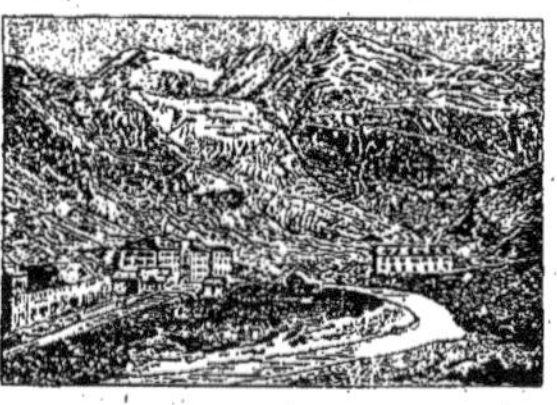

Glaciers de la source du Rhône.

élevées beaucoup plus haut que moi et, sous l'influence d'un froid plus vif, elles avaient été changées en neige. Tombées au sommet de la montagne, elles s'étaient accumulées et tassées en énormes masses de neige durcie, les glaciers, et il avait fallu toutes les ardeurs d'un soleil de juin pour leur rendre la liberté en fondant la glace.

Le fleuve. —

« De toutes les pentes de la montagne venaient des ruisseaux semblables aux nôtres ; ils se réunissaient dans un grand couloir, ouvert entre deux chaînes de montagnes et appelé vallée. Ils ne formaient plus là qu'un seul cours d'eau plus important, le fleuve, qui devait nous conduire jusqu'à la mer, notre point de départ commun et notre même aboutissant.

« Ainsi, de la mer dans les airs, des airs sur la terre et de la terre à la mer, notre course circulaire est toujours la même ; elle dure depuis le commencement du monde, elle ne doit finir qu'avec celui-ci. »

La vie du fleuve. —

Telle est l'histoire de la goutte d'eau ; elle nous a fait connaître un des plus curieux éléments de la nature, le

Torrent de Vachères près d'Embrun.

fleuve, dont nous allons étudier la vie.

Le fleuve conduit à la mer toutes les eaux, qui tombent sur l'étendue de territoire arrosée par lui. Ce territoire s'appelle le bassin du fleuve et celui-ci y prend des aspects variés.

Dans la montagne, sur la pente rapide, le fleuve coule impétueux, couvert d'écume ; il se brise contre les rochers ou tombe en cascades de terrasses élevées ; son eau est jaune, mélangée de terre arrachée à la montagne. C'est un torrent, parfois très dangereux ; quand les pluies ou les chutes de neiges sont trop abondantes, il déborde et provoque des inondations, dans la vallée encore étroite.

Le torrent a aussi ses avantages : ses eaux rapides ont une grande force, que l'homme utilise pour faire mouvoir des machines, établies dans des usines non loin des bords.

Le lac. — Au sortir de la montagne, le torrent tombe dans un bassin plus ou moins grand, rempli d'eau, appelé lac.

Là, le fleuve ralentit sa course; il s'y débarrasse des boues, qui troublaient ses eaux et, à l'autre extré-

Lac de Guéry en Auvergne.

mité, quand il sort du lac, il entre en plaine, plus calme et plus limpide. Le lac est donc l'épurateur et aussi le réservoir naturel du fleuve.

Le fleuve. — Dans la plaine, le fleuve est grossi par d'autres cours d'eau considérables, les rivières, ses affluents; et le lieu où chaque rivière se réunit au fleuve s'appelle le confluent.

Il devient de plus en plus large, il coule majestueusement entre des rives plates, à peine élevées au-dessus des eaux.

Sur cette nappe d'eau circulent les barques, les bateaux chargés de marchandises. Le fleuve est un moyen de communication entre les hommes, *c'est un chemin qui marche.*

Il est aussi une source de prospérité et de vie pour les campagnes environnantes, parfois desséchées par le soleil : les paysans creusent alors de petits canaux, qui amènent l'eau du fleuve dans leurs champs. C'est ce qu'on appelle l'irrigation.

Il faut remarquer que le fleuve s'écoule ainsi de la montagne à la plaine, c'est-à-dire d'un point plus élevé vers un autre plus bas. Aussi, faut-il noter ces différences de niveau pour déterminer la situation respec-

Confluent du Rhin et de la Nahe à Bingen (Allemagne).

tive des divers points du cours du fleuve.

On dit, par exemple, qu'un point A est en amont d'un autre B, parce qu'il est plus près des montagnes que le point B; de même, le point B, plus bas que le point A dans la vallée, sera dit être en aval par rapport à ce point placé plus près des monts.

Enfin, le lit du fleuve est bordé des deux côtés par des talus de terre ou de rochers plus ou moins élevés, c'est ce qu'on appelle les rives. On distingue la rive gauche de la droite : la première est celle que l'on a à sa gauche, la seconde celle qu'on a à sa droite lorsqu'on descend en barque le fil de l'eau.

L'embouchure. — Enfin, le fleuve arrive à la mer par l'embouchure. Quand il s'y jette par une seule et large ouverture, cette embouchure prend le nom d'estuaire. Là le niveau du fleuve est soutenu par l'arrivée des eaux de la mer, que poussent la marée et les vents du large. Aussi l'embouchure du fleuve a des eaux profondes et tranquilles, accessibles aux plus grands navires et elle est ainsi favorable à l'établissement de ports.

Quelquefois, le fleuve, embarrassé de bancs de sable, se divise en plusieurs embouchures, faiblement alimentées et ainsi peu favorables à la navigation. L'ensemble de ces terres marécageuses comprises entre les bras du fleuve constitue alors un delta.

Le voisinage des fleuves n'est pas sans offrir quelques dangers : au printemps, avec la fonte des neiges, à l'automne, avec les grandes pluies, le fleuve gonfle subitement au point de sortir de son lit et il se répand dans les campagnes voisines par de terribles inondations. Les champs cultivés sont souillés de boue, des villages et des villes entières sont détruits. C'est un désastre difficilement réparable pour toute une région.

On voit aussi le rôle bienfaisant joué par les fleuves à la surface du globe : ils font circuler partout l'eau nécessaire à la vie; ils sont des

Amont et aval d'un fleuve.

routes naturelles pour l'homme; ils l'aident dans son travail en faisant mouvoir ses machines; ils servent au transport des marchandises. Les vallées des fleuves sont les endroits les plus peuplés de la terre.

RÉSUMÉ. — 1. *L'eau ruisselle à la surface de la terre.*
2. *Elle sort de la mer par l'évaporation, s'élève dans les airs sous forme de vapeurs et de nuages et tombe en pluies et en neiges.*
3. *Elle coule alors en ruisseaux, rivières ou fleuves, qui, de leur source à leur embouchure, portent les eaux d'un même bassin à la mer.*
4. *Les fleuves fertilisent les contrées qu'ils traversent par l'irrigation et ils les animent par la navigation.*
5. *Les fleuves coulent des sommets à la plaine : la partie supérieure de leur cours, voisine des montagnes, est en amont; la partie inférieure plus avancée dans la vallée, est en aval.*
6. *Les fleuves se jettent dans la mer par une embouchure, c'est l'estuaire, ou par plusieurs qui forment un delta. Ils répandent la vie à la surface du globe.*

QUESTIONNAIRE. — 1. Qu'est-ce que l'évaporation? — 2. Pourquoi une vapeur s'élève-t-elle dans les airs? — 3. Qu'est-ce que la condensation? — 4. Qu'est-ce qu'un nuage? — 5. Comment l'eau tombe-t-elle sur la terre? — 6. Qu'est-ce qu'un ruisseau? une rivière? un fleuve? une source? une embouchure? un affluent? un lac? un delta? — 7. Indiquez les dangers du voisinage des fleuves; dites aussi leur utilité.

III. — LES ÊTRES ANIMÉS

Grâce à la chaleur et à l'eau, la vie se manifeste sur toute la terre par la présence des plantes, des animaux et des hommes ; mais les êtres animés ne sont pas les mêmes sur toute la surface du globe.

1° Les plantes. — Il vous est facile de voir ce qui est nécessaire au développement des plantes.

Sur cette montagne de rochers dénudés, aucune plante ne pousse, parce qu'il y manque la terre meuble, dans laquelle les végétaux se plaisent à enfoncer leurs racines.

Au sommet de cette même montagne couvert de neiges éternelles, il n'y a non plus aucune trace de verdure. Le froid y est trop vif et

Paysage des régions chaudes.

même les plantes les plus grossières ont besoin de chaleur pour vivre.

Enfin, dans la plaine grise, brûlée par le soleil, la végétation est maigre ; c'est que si la chaleur est ici très grande, l'eau cette fois fait défaut.

Les zones de végétation. — Chaque contrée de la terre a ses plantes particulières. Sous l'équa-

Au désert.

teur, région de grandes pluies et de

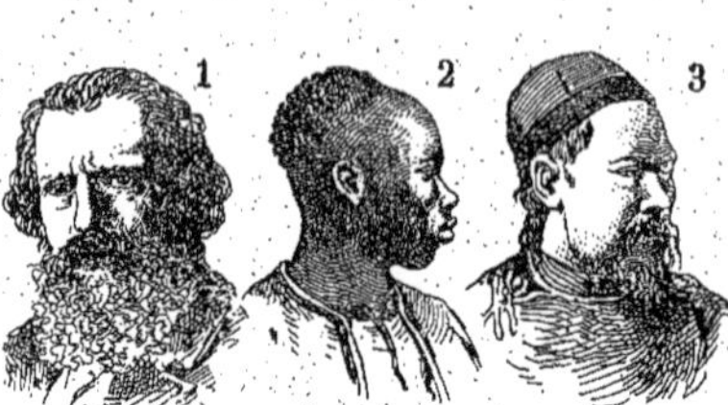

1. Race blanche.   2. Race noire.   3. Race jaune.   4. Race rouge.

grosses chaleurs, les plantes sont gigantesques. Les arbres élevés forment de leur feuillage épais une voûte de verdure, c'est la forêt vierge ; les herbes dépassent la taille d'un homme à cheval, c'est la savane.

Au nord et au sud de l'équateur, l'humidité disparaît, mais la chaleur subsiste : il y a d'immenses étendues de sable sans verdure, sans ombre, ce sont les déserts, comme celui du Sahara en Afrique.

A égale distance de l'équateur et du pôle s'étendent les régions tempérées, où la chaleur et les pluies sont moyennes ; aussi les plantes y sont nombreuses : arbres de nos fo-

Paysage des terres polaires.

rêts et de nos vergers, céréales, légumes, etc.

Enfin, près des pôles, dans les zones glaciales, le froid l'emporte. Il n'y a plus que quelques mousses et lichens pendant l'été, qui est très court et cependant parfois assez chaud. Mais l'hiver est très long et très rigoureux ; la surface du sol ou de la mer est couverte d'une épaisse couche de glace et de neige. Les explorateurs, qui se hasardent dans ces régions désolées, voient souvent leurs vaisseaux bloqués par les glaces.

Quand, au printemps, le dégel survient, la surface glacée de la mer se fend en énormes blocs qui flottent à la dérive, ce sont les icebergs, dont la rencontre est très

Un iceberg du pôle Sud.

dangereuse pour les marins, car du choc de leur masse ils brisent les navires les plus résistants.

2° Les animaux. — Les animaux sont répartis sur la terre à peu près comme les plantes. Près de l'équateur, où la vie est facile, il y a de grands animaux sauvages, lions, tigres, etc., ou de petits in-

Chasse à l'ours blanc au pôle Nord.

sectes nombreux et nuisibles, moustiques ou fourmis.

Les déserts sont peuplés seulement par des animaux comme le chameau et la gazelle, qui boivent à peine et vivent de peu.

Dans les régions tempérées, les animaux très nombreux ont été pour la plupart apprivoisés par l'homme, ce sont les animaux domestiques.

Enfin, dans les zones glaciales, on trouve encore des animaux à fourrure : l'ours blanc, le renne, ou des oiseaux garnis d'un chaud duvet.

Les animaux, et surtout les animaux domestiques, sont indispensables aux hommes : ceux-ci se nourrissent de leur chair, s'habillent de leurs dépouilles, se font aider par eux dans leurs travaux ou s'en font une compagnie, comme du chien, « le meilleur ami de l'homme ».

3° Les hommes. — Les hommes sont très nombreux à la surface de la terre; ils y sont inégalement répartis, très serrés dans les régions tempérées et fertiles, clairsemés au contraire dans les contrées trop chaudes ou trop froides.

Tous ces hommes diffèrent entre eux par la couleur de leur peau et on en distingue quatre races principales : 1° la race blanche, en Asie occidentale et en Europe; 2° la race noire, en Afrique; 3° la race jaune, en Asie orientale; 4° la race rouge, en Amérique.

Ils diffèrent encore par leurs langues, qui sont si nombreuses qu'on ne peut en dire la quantité; par leurs religions, très variées aussi.

Les sauvages et les civilisés. — Ces hommes ne vivent pas non plus de la même vie.

Hutte de sauvages.

Les uns, en Afrique, en Australie, sont encore sauvages : ils ne savent pas cultiver le sol; ils vivent de chasse et de pêche, souffrent souvent de la faim, vont le corps nu ou à peine frotté de boue ou de graisse et n'ont que des huttes grossières. Ils vivent isolés ou mal dirigés par des chefs brutaux.

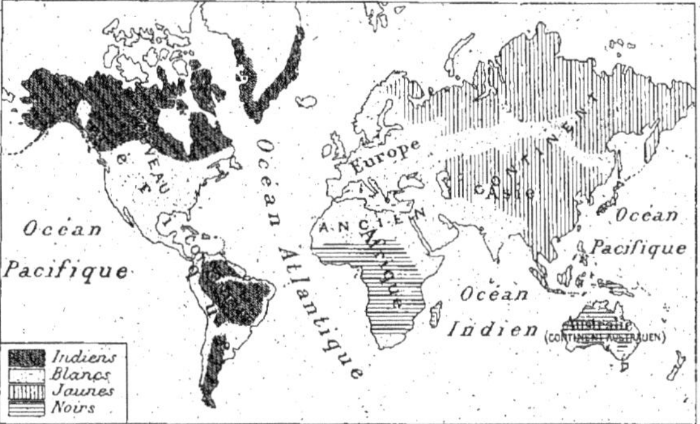

Répartition des races humaines.

D'autres sont plus avancés déjà. Ils élèvent des bestiaux, qui leur fournissent leur nourriture et leur vêtement et qu'ils conduisent de pâtu-

Campement de nomades.

rage en pâturage; ils habitent sous des tentes transportables, ce sont des nomades comme les Arabes.

Enfin, les hommes civilisés, les blancs d'Europe et d'Amérique, les jaunes d'Asie, n'ont jamais cessé de lutter contre la nature. Grâce à la

Habitation de l'homme civilisé.

science, ils ont pu lui arracher toutes ses richesses : ils ont fertilisé la terre, ils ont tiré de son sein les métaux nécessaires à leur industrie, ils voyagent par terre ou par mer dans toutes les parties du monde. Les hommes civilisés vivent aussi tranquilles : ils ont compris que, dans toute réunion d'hommes, il fallait des règlements, des lois et ils se sont donné des gouvernements (royaumes, empires ou républiques) selon leurs préférences et leurs nécessités particulières.

Les hommes civilisés recherchent l'amélioration de la vie humaine par le **progrès**.

RÉSUMÉ. — 1. *La vie terrestre se manifeste par l'existence des plantes, des animaux et des hommes.*

2. *Les plantes et les animaux sont plus nombreux dans les régions chaudes et humides.*

3. *Les hommes diffèrent entre eux par la couleur de leur peau et ils se divisent ainsi en quatre races principales. Ils sont sauvages, nomades ou civilisés. Ces derniers surtout obéissent à la loi du progrès.*

QUESTIONNAIRE. — 1. Par quoi la vie se manifeste-t-elle sur la terre? — 2. Comment sont répartis les plantes et les animaux? — 3. Quelles sont les différentes races humaines? — 4. Qu'est-ce qu'un sauvage? un nomade? un civilisé?

EXERCICES. — 1. Racontez une excursion dans la montagne. — 2. Décrivez la surface de la terre dans votre pays. — 3. Construire avec du sable la représentation du relief du sol. — 4. Lire le récit d'une éruption volcanique. — 5. Racontez les voyages d'une goutte d'eau. — 6. Dessinez la coupe d'une source; faites le croquis du bassin d'un fleuve. — 7. Comparez la hutte d'un sauvage, la tente d'un nomade et la maison d'un civilisé.

CHAPITRE V

LA FRANCE

I. — LE TERRITOIRE FRANÇAIS

La nation française. — En sortant de votre village ou de votre ville, vous pouvez, petits amis, voyager longtemps vers le nord ou le sud, à l'ouest comme à l'est, vous entendrez parler autour de vous la même langue, la vôtre, le *français*.

La région, que vous aurez ainsi parcourue, c'est la France, notre pays.

Situation et forme de la France. — La France est une contrée vraiment favorisée par la nature.

Remarquez sa situation à égale distance de l'équateur et du pôle, ce qui fait qu'elle n'est ni trop chaude, ni trop froide. La France est un pays *tempéré* et elle donne les produits les plus *variés*.

Placée au milieu des continents, elle communique facilement avec les contrées voisines de l'Europe et de larges mers la mettent en relations avec les pays éloignés comme l'Amérique ou l'Afrique.

Elle a une forme régulière à six côtés : trois sur la mer et trois vers les terres : « Quel beau pays ! disait d'elle un empereur d'Allemagne, il possède à la fois la terre et la mer ! »

Sa longueur (1.000 kilom. du N. au S.) correspond à peu près à sa largeur (920 kilom. de l'E. à l'O.) ; sa superficie est à peu près la millième partie du globe et la dix-neuvième de celle de l'Europe. La France est un pays *d'étendue moyenne*, où les voyages ne durent pas trop longtemps.

Les frontières françaises. — La fin de la France est marquée de tous les côtés par une ligne qu'on appelle la frontière.

Du côté de la mer, la frontière, c'est le rivage même formé par la nature ; c'est une frontière *naturelle* comme sur la mer du Nord au Nord, sur la Manche au Nord-Ouest, sur l'Atlantique à l'Ouest et sur la Méditerranée au Sud.

Du côté de la terre, la frontière n'a été fixée qu'après de cruelles guerres et de longues délibérations avec les pays voisins ; c'est une frontière établie par des conventions et elle est dite *conventionnelle*, comme vers la Belgique au Nord, l'Allemagne, la Suisse et l'Italie à l'Est, et l'Espagne au Sud.

Le sol de la France. — La France est construite harmonieusement avec des terrains de toutes les catégories : durs comme le granit, cette pierre bleue dont on pave les rues ; tendres comme le calcaire, cette roche blanche avec laquelle on construit nos maisons ; friables comme l'argile et le sable, qui forment la terre cultivée et retournée par l'homme.

On dirait que ces terrains ont été arrangés à dessein, car ils sont bien mélangés. Leur variété fait la fertilité et la richesse de la France.

Les parties dures, comme le granit, consolident l'ensemble ; les parties tendres, comme la craie, retiennent l'eau et les grandes étendues de terre se couvrent de belles moissons.

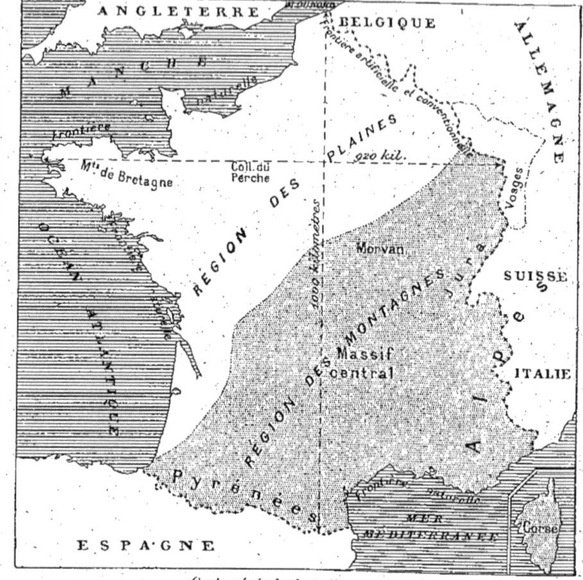

Carte générale de la France.

RÉSUMÉ. — 1. *Notre pays s'appelle la France. Il est situé dans la zone tempérée, au milieu des pays civilisés.*

2. *La France a six côtés ; elle mesure 1.000 kilomètres de longueur et 920 de largeur.*

3. *La France a des frontières* **naturelles** *sur la mer du Nord, la Manche, l'Atlantique et la Méditerranée, et des frontières conventionnelles sur terre vers la Belgique, l'Allemagne, la Suisse, l'Italie et l'Espagne.*

4. *Son sol est très varié et formé de toutes les espèces de terrains : dur granit, calcaire poreux et terre friable et favorable à la culture.*

QUESTIONNAIRE. — 1. Qu'est-ce que la nation française ? — 2. Dites les avantages de la situation de la France. — 3. Quelles sont les dimensions de la France ? — 4. Qu'est-ce qu'une frontière ? — 5. Dites les frontières de la France du côté de la mer, du côté des terres. — 6. Comment est composé le sol de la France ? — 7. Quelle est l'utilité de chaque terrain ?

EXERCICES. — 1. Construire dans la cour de l'école une carte en relief de la France. — 2. Étudier la nature du sol de la commune. — 3. Établir par des expériences simples l'inégale perméabilité des terrains.

II. — LES MONTAGNES DE LA FRANCE

Le sol de la France offre à l'œil du voyageur un aspect très varié, tantôt uni dans la plaine, tantôt élevé en forme de plateau ou en saillies dans les montagnes.

Vous retrouvez cette variété dans la carte où la différence des couleurs montre bien comment le sol de la France est accidenté : au nord-ouest, c'est la partie des plaines teintées en *jaune*, au sud-est dominent les montagnes indiquées par les couleurs *rose* et *chamois*.

Remarquez comme les plaines et les montagnes couvrent à peu près la même étendue. La France est un pays bien constitué.

Vous vous en apercevrez aussi en examinant la disposition de ces montagnes : voici, à l'intérieur, comme une base solide, le **Massif Central**, et, tout autour, d'autres massifs extérieurs : **Pyrénées, Alpes, Jura et Vosges.**

Description des montagnes principales de la France.

Le Massif Central. — Il couvre la septième partie du territoire français. On y distingue plusieurs parties, montagnes et plateaux.

A l'est, s'étend la grande chaîne des Cévennes et, au centre, les monts d'Auvergne, qui dépassent 1880 mètres d'altitude. Ce sont les plus anciennes montagnes de la France. Elles sont formées d'une pierre noire, la *lave* refroidie ; leurs

Le Puy de Dôme (Auvergne).

sommets sont arrondis ou creusés en entonnoirs comme les cratères des volcans en activité. Le Massif Central est dû, en effet, à l'action d'anciens volcans, aujourd'hui éteints, par exemple le **Puy de Dôme.** Il est entouré à l'ouest et au sud

Carte des montagnes de la France.

par de grands plateaux : les monts du Limousin et les Causses.

La surface élevée de ce massif, balayée par les vents, laisse à nu la pierre ; elle est aussi ou trop froide ou trop sèche, par endroits infertile. Elle n'est fréquentée que par les troupeaux, avec le lait desquels on fabrique un fromage très estimé, le *roquefort*. Sur les pentes s'étagent des forêts de châtaigniers, dont le fruit est le principal aliment des gens du pays. Dans les vallées, surtout au sud, on trouve des champs cultivés, de riches vignobles bien exposés au soleil et les hommes y vivent nombreux.

Du reste, les populations du Massif Central sont robustes et laborieuses et elles font les plus grands efforts pour tirer parti de leur pauvre pays.

Les Pyrénées. — Cette chaîne de montagnes s'allonge comme une muraille de l'ouest à l'est, entre la France et l'Espagne, sur une longueur de 400 kilomètres.

Au centre, elle a des sommets élevés avec des formes effilées, de là leurs noms de *pics* ou d'*aiguilles*. L'un de ces monts, le Pic du Midi domine la plaine de l'Adour et on y jouit d'une vue splendide ; de même, au Canigou, à l'est. Cette chaîne irrégulière présente aussi de grandes enceintes de rochers superposés, les *cirques*, d'où s'échappent des torrents furieux, les *gaves*, ainsi le gave de Pau qui sort du cirque de Gavarnie. Cette région élevée est à peine animée par les contreban-

Cirque de Gavarnie (Pyrénées).

diers et les chasseurs d'izards, elle n'a que d'étroits sentiers.

Les extrémités, à l'ouest et à l'est, s'abaissent et sont traversées par des routes et des lignes de chemins de fer.

Les flancs de la chaîne sont revêtus de forêts ou de pâturages, surtout du côté de la France; leurs immenses carrières fournissent du marbre, de la pierre et même du fer.

Les Pyrénées sont à la fois des montagnes belles et utiles.

Les Alpes. — Au sud-est, la frontière est marquée, entre la France et l'Italie, par une partie de la grande chaîne des Alpes; ce sont les Alpes françaises, de la Méditerranée au lac de Genève.

Elles sont les plus hautes montagnes de la France et même de l'Europe. Du mont Blanc, leur point culminant, à 4.810 mètres, le voyageur domine leur ensemble : il peut apercevoir, par les temps clairs, toute une suite de gros massifs, collés les uns contre les autres. A partir de 3.000 mètres de hauteur, ces massifs sont recouverts d'énormes masses de neige; ce sont les *glaciers*, qui, en été, fournissent d'inépuisables réserves aux cours d'eau. La vue des Alpes est admirable.

Entre ces massifs sont creusées de profondes *vallées*, qui aboutissent à des *cols*. Il est ainsi facile de circuler dans les Alpes et de passer d'un côté de la montagne vers l'autre. Le plus fréquenté de ces cols est celui du **mont Cenis**, aujourd'hui traversé, grâce à un tunnel, par une voie ferrée, qui unit la France à l'Italie.

Les Alpes forment un monde d'aspect varié. Les sommets glacés sont déserts, visités en été par les tou-

Le mont Blanc.

ristes et les chasseurs de chamois; les pentes sont garnie de forêts et

de pâturages; dans les vallées, on utilise pour l'industrie la force des chutes d'eau.

Le Jura. — Au nord des Alpes et du Rhône se développe un autre massif plus petit, le Jura, allongé entre la France et la Suisse en forme de croissant.

C'est un plateau de craie, dont la plus grande hauteur ne dépasse guère 1700 mètres et qui est dépourvu de glaciers. Sa surface est accidentée de sillons parallèles, séparés par de profondes vallées, les *vals*, où circulent les eaux jaillissantes. Parfois ces cours d'eau s'échappent par des brèches ouvertes à travers ces sillons, par les *cluses*, ce qui explique la forme capricieuse de leurs vallées.

La beauté du Jura est dans ses

Une vallée du Jura.

forêts de pins, dans ses frais pâturages. Les paysans y fabriquent des fromages comme le gruyère, travaillent le bois ou fabriquent des montres.

Les Vosges. — Au nord du Jura et d'une grande plaine, la trouée de Belfort, le massif des Vosges marque depuis 1870, du côté de l'Allemagne, la limite de la terre française.

Les Vosges sont faites de pierres dures, très anciennes, le *granit* et le *grès*, usées par la pluie et la neige. Leur plus grande hauteur ne dépasse guère 1400 mètres et leurs sommets, appelés *ballons*, apparaissent aplatis comme celui de **Guebwiller**.

Les Vosges, avec leurs roches à couleurs vives, leurs vieilles forêts de pins, leurs rivières coupées de cascades et leurs grands lacs comme ceux de **Gérardmer**, de **Longemer** et de **Retournemer**, sont très agréables à visiter.

Du haut des ballons, on peut contempler, à l'est, la grasse plaine d'Alsace, qui nous a été ravie par

Lacs de Longemer et de Retournemer.

l'Allemagne, à l'ouest, le plateau lorrain, ondulé, triste et mélancolique avec son ciel gris.

Les petites montagnes. — Il y a, dans l'intérieur de la France, d'autres montagnes moins importantes, plus ou moins isolées au milieu des plaines.

Le **Morvan** avec son sol de granit apparaît comme une dépendance du Massif Central.

La **Bretagne**, autre terre de granit qui s'avance dans l'Océan, a été usée pendant des milliers de siècles par les eaux et elle a encore des collines de 450 mètres.

L'île de **Corse**, dans la Méditerranée, est aussi faite de terrains très anciens, qui s'élèvent jusqu'à 2800 mètres.

RÉSUMÉ. — 1. *Les montagnes sont bien disposées à l'intérieur et autour de la France.*
Le Massif Central, *avec les* Cévennes, *les* monts d'Auvergne, *les* monts du Limousin *et les* Causses *forment la base du pays.*

2. *Les* Pyrénées, *comme une haute muraille, séparent la France de l'Espagne avec leurs pics effilés et leurs cirques gigantesques.*

3. *Les* Alpes, *dominées par le mont Blanc, sont, entre la France et l'Italie, les plus hautes montagnes de l'Europe. On peut cependant les traverser par des cols.*

4. *Le* Jura *forme du côté de la Suisse une barrière difficile à franchir à cause de ses sillons parallèles.*

5. *Les* Vosges, *très anciennes, ont des sommets arrondis, de vieilles forêts et de beaux lacs.*

6. *Le* Morvan *et les collines de* Bretagne *sont moins importants; la* Corse, *île méditerranéenne, a de hautes montagnes de rochers.*

QUESTIONNAIRE. — 1. Dites, en regardant la carte de France, comment sont réparties les plaines et les montagnes. — 2. Décrivez les différents massifs montagneux de la France : sommets, productions, aspect pittoresque. — 3. Comparez les Pyrénées et les Alpes, le Jura et les Vosges.

III. — LES PLAINES DE LA FRANCE

Avantages des plaines. — Les plaines sont surtout des régions agricoles : leur sol, formé des débris des montagnes apportés par les eaux, est peu résistant, facile à retourner par le laboureur ; leur climat, plus doux que dans les montagnes, est favorable au développement des plantes.

Aussi est-ce dans les plaines qu'on voit les champs immenses de blé, d'orge, d'avoine, de maïs, les vertes prairies, les fermes prospères et les villages les plus riches. C'est aussi dans les plaines que les hommes se sont concentrés, parce que la vie y est plus facile.

Les plaines du Midi. — Le centre de la France est occupé par le Massif central, autour duquel s'ouvrent des plaines très différentes d'aspect.

Au Sud, le long de la Méditerranée, c'est la plaine du Languedoc,

Un paysage des Landes.

adossée aux Cévennes et rafraîchie par le vent froid de ces montagnes ; elle est couverte de vignes verdoyantes très productives.

Au Sud-Ouest, l'immense plaine de la Garonne, la Guyenne, s'étend de Toulouse à Bordeaux ; bien chauffée, bien arrosée, elle abonde en blé, en arbres fruitiers, en maïs et en tabac. Les vins de Bordeaux font la richesse de la basse Garonne.

La plaine se termine à l'Ouest, sur l'Atlantique, par les Landes, région triste et marécageuse, séparée de l'océan par des dunes de sable et couverte d'une herbe maigre. Les troupeaux de moutons, conduits par des bergers à échasses à cause de l'humidité du sol, y trouvent une pauvre nourriture.

Les plaines de l'Ouest. — Les rivages de l'Océan Atlantique forment des plaines marécageuses. Le Marais, en Vendée, n'est qu'un ancien golfe comblé par la vase. Le Bocage, dans le Poitou, un peu plus accidenté, a des chemins creux, des champs garnis de buissons et bordés de murs de pierres sèches.

La plaine de la Loire offre un aspect magnifique, grâce à l'ample vallée du fleuve, à son doux climat, à son sol fertile. La Touraine, qui en fait partie, est appelée le *jardin de la France.*

Elle se continue au Nord, autour de Paris, par d'autres plaines fertiles, comme la Brie, avec ses belles fermes, ou la Beauce, véritable grenier de Paris.

Au Nord-Ouest, sur la Manche, la plaine de la Normandie offre de vertes prairies peuplées de troupeaux de bœufs, de vaches et de chevaux. Les pluies fréquentes y entretiennent la fraîcheur des pâturages.

Les plaines du Nord. — Au Nord, dans la Picardie, et surtout en Flandre, on ne voit plus que la plaine à l'infini.

Malgré le ciel bas et gris, l'horizon monotone, la campagne sans arbres, les couleurs sont vives et réjouissent l'œil : partout des champs de blé, de betteraves, de lin, de chanvre, de colza ; du milieu des verdures sombres, se détachent les toits rouges des villages.

Le port de Denain, rempli d'embarcations, indique l'activité industrielle de la région.

C'est aussi la région de la grande industrie. La houille abonde autour de Lille ; c'est le « pays noir », très animé par les puits d'extraction, les cheminées des usines, le passage des wagons ou des bateaux chargés de houille. Cette contrée, la plus peuplée et la plus riche de la France, est en relations faciles avec la Belgique et l'Allemagne.

Les plaines de l'Est. — Vers l'Est, la Champagne s'étend en vaste banc de craie ; elle est blanche, sèche, presque déserte entre Châlons et Troyes à cause de la pauvreté de son sol et de son manque d'eau. Elle se transforme par des plantations de pins, qui vivent dans ces terrains peu fertiles.

La plaine de Champagne.

Au Sud-Est, la Saône longe la plaine de la Bresse, avec ses champs de maïs et ses grasses volailles, celle des Dombes encore couverte d'étangs. Enfin, le Rhône coule en une plaine plus ou moins resserrée entre les Cévennes et les Alpes ; elle est de plus en plus chaude, venteuse et poussiéreuse à mesure qu'on s'avance vers le Sud, vers la Méditerranée.

RÉSUMÉ. — 1. *Les plaines sont favorables à la culture, et les hommes s'y réunissent en grand nombre.*

2. *Au Midi, s'étendent les plaines viticoles du Languedoc, de la Garonne et les tristes Landes.*

3. *A l'Ouest, le Marais et le Bocage accidenté bordent l'Océan ; les plaines de la Loire et de la Seine sont très fertiles et celle de Normandie a des pâturages admirables.*

4. *Au Nord, la Flandre est une plaine à la fois agricole et industrielle très animée.*

5. *A l'Est, la Champagne est un banc de craie désert par endroits ; la Saône longe des plaines fertiles et le Rhône coule à travers une vallée étroite et ensoleillée.*

QUESTIONNAIRE. — 1. Quels sont les avantages de la plaine ? — 2. Comment les plaines de France sont-elles disposées ? — 3. Comparez la plaine du Languedoc et celle de Flandre. — 4. Comparez celle de Normandie à celle de Champagne. — 5. Décrivez la plaine de la Loire et de la Seine.

IV. — LES GRANDS FLEUVES DE LA FRANCE.

La France, largement ouverte vers l'Océan Atlantique, en reçoit des pluies régulières, qui alimentent de grands fleuves : la Seine, la Loire, la Garonne et le Rhône.

La Seine. — La Seine, fleuve de plaine, est très tranquille. Elle prend sa source dans les faibles hauteurs du plateau de Langres et arrive aussitôt dans l'immense plaine crayeuse de la Champagne, puis dans la cuvette formée par le bassin de Paris.

Ses affluents de droite, l'Aube, la Marne et l'Oise grossie de l'Aisne ont les mêmes caractères. Mais l'Yonne, qui descend des pentes rocheuses du Morvan bien arrosé, amène parfois au fleuve de grosses masses d'eau, de là des crues.

Avec leur allure calme, la Seine et ses affluents sont des voies navigables faciles; les hommes s'y sont groupés sur leurs bords dans de grandes villes.

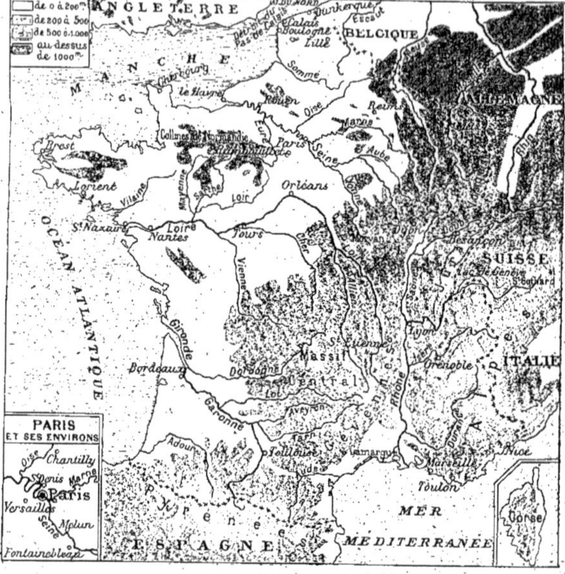

Carte des fleuves de la France.

Le port Saint-Nicolas à Paris montre que la Seine est une voie favorable à la navigation.

La Seine arrose ainsi **Paris**, la capitale et la plus grande ville de la France, puisqu'elle compte près de 3 millions d'habitants. Paris est le centre le plus actif de notre pays. Quel mouvement ! voitures, omnibus, automobiles s'enchevêtrent dans les rues; les piétons se bousculent sur les trottoirs; les bateaux sillonnent la Seine; un chemin de fer, le métropolitain, circule sous la terre. Les magasins, sur les boulevards, regorgent de bijoux, de jolis meubles, de fines étoffes, et, tout autour de Paris, fument les cheminées de nombreuses usines.

Autour de Paris, la campagne est ravissante, c'est comme un grand jardin, orné de villas. Les villes voisines, Fontainebleau, Rambouillet, Versailles, ont des palais splendides où séjournaient autrefois les rois de France.

A son embouchure, la Seine arrose Rouen, la grande ville de la Normandie, bien placée près de la Manche pour recevoir d'Amérique

La Seine à Rouen a une vallée admirablement ouverte vers la mer.

les cotons nécessaires à ses filatures. Sur la Manche, le **Havre** est un port très important par le commerce avec les pays du nord de l'Europe et d'Amérique. La Seine avec ces villes est comme une grande rue animée.

En dehors du fleuve, il faut encore citer, un peu isolée dans la plaine de Champagne, la ville de **Reims**, très riche par son commerce de vins et le travail de la laine.

Tel est le domaine de la Seine, fertile et bien arrosé ; aussi est-il l'endroit le plus peuplé de la France.

La Loire. — C'est le plus grand fleuve de France, mais aussi le moins régulier et le moins utilisé.

La Loire prend sa source dans les **Cévennes**, au milieu du **Massif Central**. C'est d'abord un ruisseau qui coule très rapide sur les pentes raides de la montagne. Aussi, quand il pleut trop ou lorsque la neige fond, le fleuve et ses affluents amènent trop d'eau dans les plaines et y provoquent de larges et violentes inondations. L'été au contraire, il ne pleut pas dans la montagne ; la Loire montre son lit embarrassé de bancs de sable et de pierres et elle n'est plus navigable, sauf à l'approche de l'Océan Atlantique.

Les affluents de la Loire ne cor-

La Loire à Orléans en temps de sécheresse

rigent pas ces défauts : la plupart sont semblables au fleuve. A droite, la Maine lui apporte les eaux des

La Loire à Tours en temps de crue.

grandes rivières de Normandie : à gauche, l'Allier, le Cher et la Vienne sortent du Massif Central.

La Loire arrose de belles villes :

Quais de la Loire à Nantes.

Orléans, Tours et surtout Nantes, qui serait un port important si le fleuve était régulier ; dans les montagnes, Saint-Étienne, avec ses mines de houille, est un grand atelier industriel.

La Garonne. — La Garonne, qui prend sa source au cœur des Pyrénées, roule d'abord comme un torrent furieux et a des inondations terribles, comme celle de 1875, qui détruisit un quartier de Toulouse.

Ses affluents, surtout ceux de droite, le Tarn, le Lot et la Dordo-

gne, lui apportent du Massif Central une grande masse d'eau.

Elle arrose de très grandes villes : dans son cours supérieur, Toulouse, au croisement des routes d'Espagne, de l'Océan et de la Méditerranée et par suite très fréquentée ; dans son cours inférieur, Bordeaux a construit un magnifique pont sur la Garonne devenue très large. Un

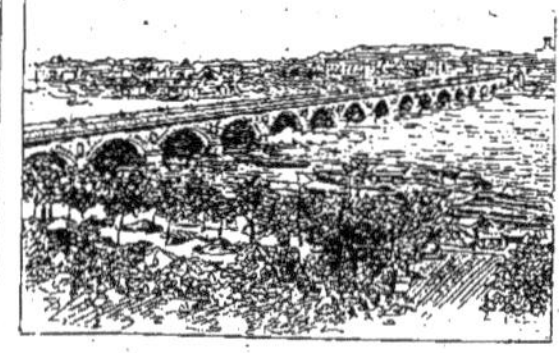

Pont de la Garonne à Bordeaux.

peu plus bas, le fleuve, transformé en un véritable bras de mer, porte le nom de Gironde. Il débouche dans l'Océan Atlantique.

Le Rhône. — Le Rhône est un véritable fleuve de montagnes, puisqu'il sort du cœur des Alpes, en Suisse.

C'est le plus rapide des fleuves de France, il court « comme un taureau furieux » à la mer.

Le Rhône descend des glaciers du mont Saint-Gothard. Il arrive écumant et chargé de terre dans le lac de Genève, où il se clarifie. A la sortie du lac, il pénètre en France et se perce péniblement un passage à travers la montagne du Jura. Arrêté à Lyon par les Cévennes, il change de direction et coule vers le sud dans une étroite vallée. Il en-

Vue de la Camargue.

traîne des sables, des pierres qu'il dépose à ses embouchures, dans la Méditerranée, où il forme un delta, l'île de la Camargue.

A droite, le Rhône reçoit la Saône, large, profonde, navigable comme un cours d'eau de plaine ; à gauche, l'Isère et la Durance ne sont, comme le Rhône, que des torrents alpestres.

Les villes sont nombreuses : au nord, Besançon et Dijon dans le domaine de la Saône. Au centre, au confluent du fleuve et de la Saône, Lyon a l'air d'une véritable capitale ; Grenoble, sur l'Isère, utilise la force des eaux pour ses industries et Marseille, sur la Méditerranée,

L'Isère à Grenoble.

est un port actif par ses relations avec l'Afrique et l'Extrême-Orient.

Le Nord-Est. — Vers le Nord et l'Est, la France est arrosée par de grands cours d'eau, dont elle ne possède que le cours supérieur : la Moselle, affluent du Rhin ; la Meuse et l'Escaut, fleuves qui se jettent dans la mer du Nord.

RÉSUMÉ. — 1. *La France est arrosée par quatre grands fleuves. La Seine, très régulière, arrose Paris, Rouen et finit au Havre. Elle reçoit la Marne, l'Oise et l'Yonne.*

2. La Loire, irrégulière parce qu'elle sort du Massif Central, arrive en plaine et passe à Orléans, à Tours et à Nantes. Elle est grossie de la Maine, de l'Allier, du Cher et de la Vienne.

3. La Garonne, sujette à des crues à cause des Pyrénées, traverse Toulouse et Bordeaux. Elle a une embouchure très large, la Gironde, et de grands affluents : le Tarn, le Lot et surtout la Dordogne.

4. Le Rhône sort des Alpes comme un torrent, traverse le lac de Genève, franchit le Jura et, à partir de Lyon, coule rapidement à la mer, où il se termine par un delta, près de Marseille.

QUESTIONNAIRE. — 1. Quels sont les grands fleuves de France ? — 2. Décrivez un voyage le long de la Seine. — 3. Opposez la Loire à la Seine : source, cours, débit, niveau, etc. — 4. Quels sont les affluents de la Seine, de la Loire, de la Garonne, du Rhône ? — 5. Montrez le caractère particulier du Rhône, fleuve de montagne.

V. — LES COTES ET LES PORTS DE LA FRANCE

La France est baignée par quatre mers : la mer du Nord, la Manche, l'Océan Atlantique et la Méditerranée ; elle est bordée par des côtes d'une longueur totale de plus de 3000 kilomètres.

La mer du Nord. — C'est une mer peu profonde, pleine de brumes, mais très fréquentée parce qu'elle baigne les pays les plus industriels de l'Europe.

La France n'y a que 70 kilomètres de côtes basses et sablonneuses ; le seul port est Dunkerque, qui doit être entretenu à grands frais.

La mer du Nord communique à l'ouest avec la Manche par un canal, le détroit du Pas-de-Calais, entre la France et l'Angleterre. Il a à peine 30 kilomètres de large. C'est par Calais qu'arrivent la plupart des Anglais en France ; la traversée dure une heure.

La Manche. — Elle apparaît comme un canal évasé à l'ouest entre la France et l'Angleterre ; elle est parfois agitée par de violentes tempêtes.

Mais les côtes sont plus résistantes que celles de la mer du Nord.

Falaises du Tréport.

Sur les côtes normandes, où se termine un plateau de craie, s'élèvent de hautes falaises taillées à pic comme une muraille, par exemple au Tréport ; çà et là des brèches s'ouvrent pour les embouchures des cours d'eau et sont pourvues de ports comme Boulogne.

A l'ouest de la Seine, s'ouvre le grand golfe du Calvados, limité par la presqu'île du Cotentin, qui s'a-

vance comme une digue à travers la Manche. Le Havre, près de la Seine, a une entrée tranquille et favorable aux grands navires de commerce ; Cherbourg, à l'extrémité du Cotentin, est très bien placé, c'est un port militaire qui surveille la Manche.

L'Océan Atlantique. — C'est de ce côté que la France a le plus grand développement de côtes, de l'extrémité de la Bretagne à l'Espagne.

Sur les côtes de l'Atlantique, que d'aspects différents ! En Bretagne se dressent les rochers, toujours

Rochers de la pointe du Raz.

battus par les flots et bordés d'îles nombreuses comme à la pointe du Raz. Ces parages sont dangereux en cas de tempête, les naufrages y sont fréquents, mais il y a de bons ports établis dans des rades naturelles. On les a utilisés pour la défense du pays : Brest à l'Ouest et Lorient au Sud.

De la Loire à la Garonne, les côtes

Dunes d'Arcachon.

sont basses, envahies par les vagues ; les hommes y ont établi des *marais salants*. Les ports sont d'accès difficile et Saint-Nazaire s'est abrité dans l'embouchure de la Loire.

De la Garonne aux Pyrénées, la plaine des **Landes** est envahie par

les dunes de sable, que le vent pousse vers l'intérieur des terres ; celles d'Arcachon sont célèbres. Il a fallu pour les arrêter y planter des pins, qui embaument l'air et enrichissent cette contrée naguère pauvre. La côte française se termine aux Pyrénées au fond du golfe de **Gascogne** ; elle n'a qu'un port important, **Bordeaux**, au fond de l'estuaire de la Gironde.

La Méditerranée. — C'est, au Sud de la France, une mer fermée, sans marée, mais avec des tempêtes parfois violentes.

Ses côtes offrent deux aspects nettement tranchés : à l'Ouest, dans le golfe du Lion, la plaine du **Languedoc** finit par un rivage plat, marécageux et bordé d'étangs ; à l'Est, au contraire, à cause du voisinage des Alpes, la côte de **Provence** est rocheuse, découpée, ensoleillée et bordée d'îles délicieuses. Elle est le refuge des malades.

C'est de ce côté que se trouvent les ports : **Marseille**, qui fait le commerce avec l'Orient, **Toulon**, le port militaire de la Méditerranée, **Nice**, la ville des mondains et des touristes.

Près de l'Italie l'île de **Corse**, rocheuse et montagneuse, forme un département français.

RÉSUMÉ. — 1. La France est baignée par quatre mers. Elle n'a que quelques kilomètres de côtes basses sur la mer du Nord, avec les ports de Dunkerque et de Calais.

2. Elle est bordée de falaises sur la Manche. Le Havre, pour le commerce, et Cherbourg, pour la défense militaire, sont les deux ports principaux.

3. Les côtes de l'Océan Atlantique sont très variées : rocheuses en Bretagne, marécageuses entre la Loire et la Garonne, sablonneuses et bordées de dunes dans le golfe de Gascogne. Brest, Lorient et Rochefort sont les ports militaires ; Saint-Nazaire et Bordeaux, les ports marchands.

4. Sur la Méditerranée, les côtes du Languedoc sont bordées d'étangs et celles de Provence sont rocheuses. Elles sont animées par Marseille, grande place de commerce, et Toulon, le port militaire.

QUESTIONNAIRE. — 1. Par quelles mers la France est-elle baignée ? — 2. Que savez-vous de la mer du Nord et de ses côtes ? — 3. Décrivez les côtes de la Manche avec l'indication de leurs ports. — 4. Par quelles mers la Bretagne est-elle baignée ? Décrivez ses côtes, citez ses ports. — 5. Quels sont les différents aspects du rivage de l'Atlantique ? — 6. Comparez, en allant de l'Ouest à l'Est, les différentes parties des côtes méditerranéennes.

VI. — LA VIE ÉCONOMIQUE DE LA FRANCE.

Le travail de la France. — Le sol français est fertile : le Sud, très chaud, abonde en arbres fruitiers et en vignes; le centre produit le blé, et le Nord a de riches plaines couvertes de betteraves, de plantes textiles, de pommiers ou de houblonnières. Il y a partout des pâturages pour les troupeaux.

Le sous-sol est moins riche; il contient pourtant des métaux et de la houille, au Sud, dans le Gard; au Centre, dans le Massif Central; au Nord, en Flandre. La France possède, partout disséminés, de belles usines, des filatures, des tissages, des fonderies.

Voies de communication. — La France a les meilleures routes du monde entier, les mieux entretenues.

Mais le commerce utilise surtout les *chemins de fer.* Leur invention date de 80 ans à peine et on en a déjà construit plus de 40.000 kilomètres dans toute la France.

L'établissement des chemins de fer a été long et coûteux. D'abord on leur a fait suivre les vallées ou les plaines plus peuplées, mais aujourd'hui il n'y a plus d'obstacle :

Carte des chemins de fer et canaux de la France.

Viaduc et tunnel de la Mure (Isère).

les ingénieurs franchissent les vallées par d'énormes ponts ou *viaducs;* ils percent les montagnes par des *tunnels.*

Toutes les grandes lignes de chemins de fer partent de Paris et se dirigent vers les extrémités du pays : au Nord, vers **Lille**; à l'Est, vers **Reims** et **Nancy**; au Sud-Est, vers **Dijon**, **Lyon** et **Marseille**; au Sud, vers **Toulouse** et **Bordeaux**; à l'Ouest, vers **Nantes**, **Brest**, et le **Havre**.

Le transport par le chemin de fer coûte assez cher. Aussi pour les marchandises lourdes ou encombrantes, on emploie plutôt les rivières et les fleuves navigables. On utilise encore les *canaux*, cours d'eau creusés par la main des hommes. Ils sont établis soit le long d'un fleuve qui n'est pas navigable, ce sont alors des canaux *latéraux*, soit entre deux cours d'eau pour les unir, ce sont des canaux de *jonction.* La Seine est reliée par des canaux de jonction aux cours d'eau du Nord, au Rhin, à la Saône

Canal. — Passage d'une écluse.

et à la Loire. Le Massif Central a rendu impossible l'établissement des canaux dans les pays de l'ouest et du centre.

Résumé. — 1. *La France est un pays favorable à tous les genres de travaux : à l'agriculture, car son sol est fertile, à l'industrie, car il possède des minéraux, au commerce, parce qu'il est facile d'y établir des* voies de communication.

2. *Les* routes *sont les plus nombreuses et les plus anciennes voies de communication.*

3. *Les* chemins de fer *permettent des transports plus rapides. Ils unissent Paris à toutes les grandes villes.*

4. *Enfin les rivières, les fleuves et les canaux sont utilisés pour le transport des marchandises lourdes.*

Questionnaire. — 1. Quelles sont les productions agricoles de la France? — 2. Quelles sont ses productions industrielles? — 3. Comment la France fait-elle du commerce? — 4. Quelles sont en France les voies de communication? Dites leur utilité. — 5. Qu'est-ce qu'un canal latéral? un canal de jonction?

Exercices. — 1. Dans une série de leçons de choses, donner une idée des remblais, des rampes, des viaducs, des tunnels, des passages à niveau, des signaux. — 2. Faire comprendre par la même méthode le mécanisme des écluses. — 3. Faire un voyage sur la carte par chemin de fer, un autre par les fleuves et les canaux.

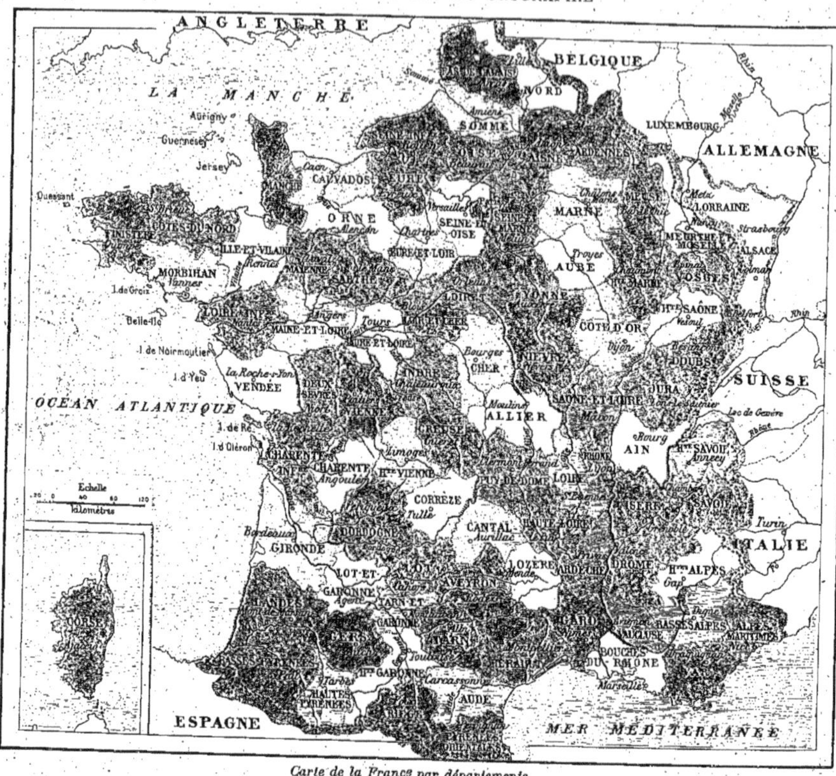

Carte de la France par départements.

VII. — POPULATION ET GOUVERNEMENT DE LA FRANCE.

La population. — La France compte 39 millions d'habitants et elle reste un pays puissant à cause de ses richesses et des qualités de ses habitants.

Ils sont très différents d'aspect : roses et blonds, grands et forts au Nord et à l'Est, comme les Flamands; bruns, trapus et agiles au Sud, comme les Gascons. Ils ont encore des natures diverses : les **Méridionaux** sont ardents et passionnés; les **Parisiens** sont spirituels et artistes; les **Bretons**, mélancoliques.

Malgré ces nuances, les Français forment une nation très unie : ils parlent tous la même langue, ils ont des idées communes qui leur viennent de leur passé commun.

Le gouvernement de la France. — Les Français se gouvernent eux-mêmes, ils sont en République et choisissent des *députés* et des *sénateurs*, qui votent les lois et fixent le chiffre des impôts. A la tête du pays est un *Président de la République*, élu par les députés et sénateurs et aidé par des *ministres* pour faire exécuter les lois.

Les lois sont appliquées dans toute la France par les *préfets*, dans les 86 *départements*, et les *sous-préfets* dans les *arrondissements*; enfin, dans les 36.000 communes de la France, il y a un *conseil municipal* élu par les habitants, et un *maire* élu par les conseillers, pour régler les affaires de la commune.

RÉSUMÉ. — 1. *La France compte 39 millions d'habitants.*

2. *Le gouvernement de la République est composé de députés et de sénateurs, qui votent les lois, et du Président de la République, qui les fait exécuter par les ministres.*

3. *Dans le pays, les préfets, les sous-préfets, surveillent l'administration des communes, confiée à un maire, assisté du conseil municipal. Voilà un régime de liberté.*

QUESTIONNAIRE. — 1. Combien la France compte-t-elle d'habitants? — 2. Quel est l'aspect des Français? Quel est leur caractère? — 3. Quel est le gouvernement de la France? — 4. Quels sont les avantages de ce gouvernement?

CHAPITRE VI
L'EUROPE

L'Europe est la partie du monde la plus favorisée par la nature : elle n'est pas trop étendue ; elle est située dans la zone tempérée, elle a un sol peu accidenté, de grands fleuves qui la sillonnent dans tous les sens ; enfin, elle est pénétrée de tous côtés par la mer et ses côtes très découpées sont favorables à la navigation. Voilà pourquoi l'Europe a, de bonne heure, été civilisée.

I. — GÉNÉRALITÉS SUR L'EUROPE

Situation. — L'Europe est en effet bien située : au sud, elle n'atteint pas l'Équateur et, au nord, elle dépasse à peine le cercle polaire. Elle n'est donc ni trop chaude ni trop froide.

Le sol de l'Europe. — L'Europe est harmonieusement constituée : au centre se dresse la grande chaîne des Alpes, à laquelle se rattachent les autres grandes montagnes : les Balkans et les Karpathes à l'est ; le Jura, les Cévennes et les Pyrénées à l'ouest ; les Apennins au sud. Au nord, c'est une grande plaine, qui couvre l'Europe de la France occidentale à la Russie. Plaines et montagnes se font équilibre. Le climat est doux : assez humide à l'ouest, à cause des pluies provoquées par l'Océan Atlantique ; il est plus sec et plus froid en allant vers l'est, surtout en Russie ; il est chaud dans le bassin de la Méditerranée.

Les eaux en Europe. — L'Europe est exposée aux vents humides de l'Océan et les Alpes constituent pour elle un château d'eau, d'où les fleuves s'échappent dans toutes les directions : à l'ouest, les fleuves de France ; au nord, les fleuves allemands ; à l'est, les fleuves russes forment un groupe isolé, mais, au sud, le Pô sort encore des Alpes.

Les côtes sont très découpées en presqu'îles comme, au nord, les presqu'îles Scandinaves, ou au sud, celles de l'Espagne, de l'Italie et des Balkans. Les plus grandes îles sont les Iles Britanniques.

Les richesses de l'Europe. — L'Europe, bien arrosée, est cou-

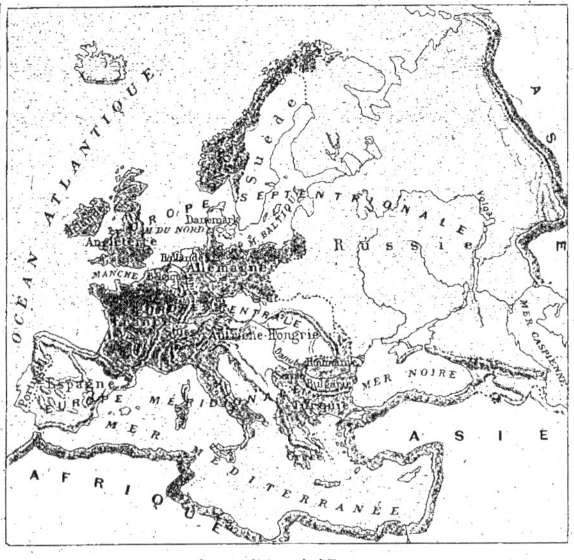

Carte politique de l'Europe.

verte de forêts au nord ; elle est occupée par la grande culture ou l'élevage au centre et le sud est riche en arbres fruitiers ; la houille abonde en Angleterre, en Allemagne, en Belgique ; l'Angleterre et l'Allemagne sont riches en fer.

La population européenne. — L'Europe a été peuplée, dès la plus haute antiquité, par des envahisseurs venus d'Asie. Les uns sont restés au sud, en Grèce, en Italie, en Espagne et en France, ce sont les Grecs et les Latins. Les autres se sont cantonnés au centre, les Germains (Allemands ou Anglais). D'autres encore, les Slaves, n'ont pas quitté l'est.

II. — LES PRINCIPALES DIVISIONS DE L'EUROPE.

L'Europe est divisée en 19 États, les uns très grands comme la Russie ou l'Allemagne, d'autres très petits comme la Suisse ou la Hollande. Ses habitants appartiennent presque tous à la race blanche sauf en Hongrie et en Turquie, mais ils ont une vie locale très différente selon les régions.

Ces peuples ont formé en Europe des États, qu'on peut classer en trois groupes : ceux de l'Europe méridionale, c'est-à-dire l'Espagne, l'Italie et les États balkaniques ; ceux de l'Europe centrale avec la France, la Suisse, l'Autriche, l'Allemagne, la Belgique et la Hollande ; enfin, ceux de l'Europe septentrionale avec l'Angleterre, les péninsules Scandinaves et la Russie.

Résumé. — 1. *L'Europe est favorisée par la nature ; elle fut ainsi de bonne heure civilisée.*

2. *Elle est bien située dans la zone tempérée. Elle est bien construite avec les Alpes au centre, la plaine au nord. Son climat est doux et ses fleuves arrosent tous ses coins. La culture y est facile et aussi le travail industriel.*

3. *L'Europe est formée de dix-neuf États, qu'on peut diviser en trois groupes : ceux de l'Europe méridionale, centrale et septentrionale.*

QUESTIONNAIRE. — 1. Quels sont les avantages de la situation de l'Europe ? — 2. Comment son relief est-il constitué ? — 3. Que savez-vous de son climat, de la répartition de ses eaux ? — 4. Décrivez les côtes de l'Europe. — 5. Quelles sont ses productions ? — 6. Énumérez les habitants de l'Europe. — 7. Quelles sont les grandes divisions de l'Europe ?

CHAPITRE VII
L'EUROPE MÉRIDIONALE OU MÉDITERRANÉENNE

Le sud de l'Europe, baigné par la Méditerranée, est formé de trois grandes presqu'îles : l'Espagne, l'Italie et la région des Balkans.

Ces pays ont été civilisés dans l'antiquité par les peuples de l'Orient, puis par les Grecs et les Romains. Avec ses îles nombreuses, ses côtes découpées, son ciel pur, la Méditerranée favorisait les relations entre les hommes par la navigation ; elle a été un instant abandonnée pour l'Océan Atlantique à cause de la découverte de l'Amérique, mais depuis le percement de l'isthme de Suez, qui fait de la Méditerranée la route de l'Orient, cette mer est redevenue très animée.

I. *LA PÉNINSULE IBÉRIQUE*
(Espagne et Portugal.)

A. — L'ESPAGNE

Presque aussi grande que la France, l'Espagne n'a que dix-huit millions d'habitants.

L'aspect du pays. — L'Espagne a la forme d'un *plateau*, dont la surface serait accidentée par de hautes montagnes : au nord, les Pyrénées, au sud, la Sierra Nevada, si élevée qu'elle reste couverte de neige sous le beau soleil du pays. Tout cet ensemble massif est bordé de *plaines* le long des côtes.

A l'intérieur, le climat espagnol est très pénible sur les plateaux avec des hivers longs et rigoureux et des étés brûlants ; il s'adoucit sur les côtes ou dans les vallées.

Les fleuves sont nombreux, l'Ebre, le Tage, le Guadalquivir, mais ils

La cour de l'Alhambra à Grenade.

sont gênés dans leurs cours par les

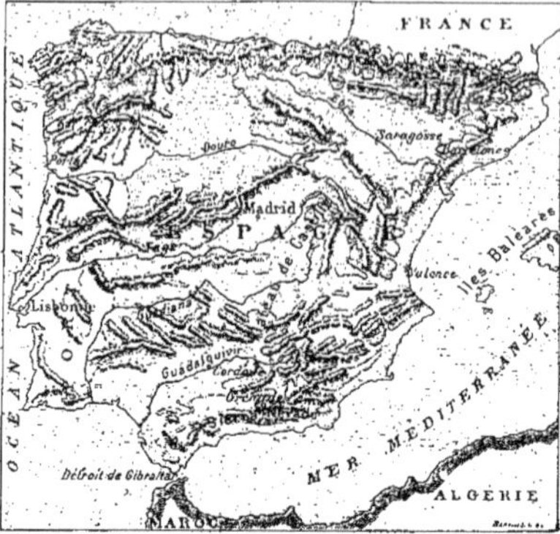

Carte de l'Espagne et du Portugal.

rochers et ne sont guère navigables.

Les côtes n'ont pas de profondes découpures, elles ont cependant de nombreux ports.

Les ressources du pays. — L'Espagne, pays chaud, est fertile partout où elle a de l'eau. L'Andalousie, par exemple, est une vallée garnie de toutes les plantes des régions chaudes : olivier, dattier, canne à sucre. Sur la côte, les vallées des cours d'eau sont, comme de véritables jardins, pleines d'arbustes verdoyants. A l'intérieur, les plateaux sont secs et stériles, dévastés par les troupeaux de moutons.

Les métaux les plus variés abondent en Espagne, mais les habitants sont nonchalants, peu instruits et ils commencent à peine à tirer parti de ces richesses.

La population et les villes. — Les Espagnols sont nobles et fiers de leur passé héroïque ; ils aiment encore la guerre ou les sanglants combats de taureaux, qui la leur rappellent, mais leur inactivité les met au-dessous des autres peuples européens si industrieux.

Le pays est agréable à visiter : si les routes sont mauvaises, le ciel pur, la terre brûlée par le soleil, les montagnes bizarrement découpées sont très pittoresques. Les villes sont nombreuses : Madrid, la capitale, est au centre ; Barcelone, sur la Méditerranée, est le plus grand port de commerce ; au sud, Séville, Cordoue, Grenade sont dé-

corées de magnifiques monuments dus aux Arabes, les anciens maîtres de l'Espagne, comme le palais de l'*Alhambra*.

B. — LE PORTUGAL.

Le Portugal, presque six fois plus petit que la France, n'a que cinq millions d'habitants.

Il est montagneux comme l'Espagne, a le même climat et les mêmes productions.

Il est tourné vers l'Atlantique et ses grandes villes sont des ports : Lisbonne, qui a la plus belle rade du monde, Porto, qui exporte des vins liquo-

Port de Lisbonne.

reux renommés. C'est un État en décadence, malgré les colonies qu'il a conservées.

Résumé. — 1. Les pays méditerranéens sont bien situés sur une belle mer et sous un climat délicieux : c'est là qu'ont paru les premières civilisations.

2. L'Espagne est une grande presqu'île montagneuse : sa plus belle vallée est l'Andalousie. Ses principales villes sont Madrid, la capitale ; Barcelone, le grand port ; Grenade, centre artistique. Les Espagnols sont indolents et travaillent peu.

3. Le Portugal est un petit royaume, dont la capitale est la belle ville de Lisbonne.

Questionnaire. — 1. Pourquoi la civilisation s'est-elle d'abord développée sur les bords de la Méditerranée ? — 2. Indiquez la disposition des plaines et des montagnes en Espagne. — 3. Quels sont les grands fleuves du pays ? — 4. Énumérez les productions du sol. — 5. Faites le portrait d'un Espagnol. — 6. Décrivez les villes de l'Espagne. — 7. Que savez-vous du Portugal ?

II. — L'ITALIE

Longtemps divisée en petits États, l'Italie est aujourd'hui une grande nation, qui compte plus de 3o millions d'habitants.

Les régions de l'Italie. — Au Nord, dans le cadre grandiose des Alpes, s'étend la belle et riche vallée du Pô. Ce fleuve arrache aux montagnes des pierres, de la terre, qu'il dépose le long de son cours et à son embouchure. Voilà pourquoi son lit est plus élevé que la plaine environnante, ce qui rend faciles les irrigations.

Au Sud de la vallée du Pô s'allonge une *péninsule*, montagneuse au centre, peu fertile, mais dont les côtes sont, aux environs de Naples

Lac Majeur.

surtout, d'une ravissante beauté. Par endroits, elles sont marécageuses et désolées par la fièvre.

Enfin, deux grandes îles font partie de l'Italie. La Sicile, belle et fertile, est dominée par l'Etna, un volcan qui a failli plusieurs fois détruire les villes voisines. La Sardaigne, tout près de la Corse, est moins riche et moins peuplée.

Les richesses de l'Italie. — La vallée du Pô, merveilleusement

Grand canal à Venise.

cultivée, produit en abondance le *mûrier*, le *riz*, les *céréales*. Dans le Sud, les céréales font place à l'*oran-

Carte de l'Italie.

ger*, au *citronnier*, à la *vigne*, au *coton*.

La ligne du **Mont Cenis** (col de Fréjus) met en relation l'Italie et la France; celle du **Saint-Gothard** relie l'Italie à la Suisse et à l'Alle-

Pompéi et le Vésuve.

magne. Une troisième ligne, celle du Simplon, est aujourd'hui achevée.

Les beautés de l'Italie. — L'Italie est curieuse à plus d'un titre. Les touristes s'arrêtent au pied des Alpes, auprès du lac Majeur ou du lac de Garde. D'autres vont faire l'ascension du Vésuve, ce volcan qui domine la grande ville de Naples, et qui a détruit, il y a deux mille ans, les villes de Pompéi et d'Herculanum. La ville de Venise, bâtie sur des lagunes et où l'on circule en gondoles autant qu'à pied, attire aussi les visiteurs.

A **Rome**, les historiens vont explorer les ruines de monuments romains, comme le Colisée.

La population, le gouvernement. — L'Italien du Nord, le **Piémontais** surtout, est laborieux, énergique; le **Florentin** est un artiste, un raffiné; mais le paysan, le pâtre des montagnes, est encore à demi sauvage; et le **Napolitain** aime la paresse et vit de peu; la *polenta*, bouillie faite avec de la farine d'orge, lui suffit.

Rome a été pendant longtemps la maîtresse du monde. Elle est encore aujourd'hui la capitale du pays, la

Ruines du Colisée à Rome.

résidence du roi d'Italie et celle du pape, chef de l'église catholique.

RÉSUMÉ. — 1. *L'Italie comprend trois régions; la vallée du Pô, une longue péninsule et plusieurs îles, dont la principale est la Sicile. La vallée du Pô est admirablement cultivée.*

2. L'Italie est un lieu digne d'admiration pour les historiens, pour les artistes. Naples et le Vésuve, Venise et ses canaux, les lacs du Nord de l'Italie retiennent de nombreux touristes. Les monuments de Rome, de Florence, de Milan, sont des merveilles d'architecture, copiés dans tous les pays.

3. Rome *est la résidence du roi d'Italie et du pape.*

QUESTIONNAIRE. — 1. Que savez-vous du Pô? de son lit, de son embouchure, de sa vallée? — 2. Quelles sont les principales richesses de l'Italie? — 3. Pourquoi est-elle le pays préféré des touristes, des historiens, des artistes? — Que savez-vous de Rome?

III. — LA PRESQU'ILE DES BALKANS.

La péninsule des Balkans a été pendant plusieurs siècles sous le joug des Turcs venus d'Asie, mais à cause de leur mauvais gouvernement, les Turcs en ont perdu la plus grande partie et ils ne sont plus que tolérés en Europe.

Le relief du sol. Les fleuves. — Les montagnes, qui couvrent la péninsule et dont les principales sont les Balkans, forment dans la mer de nombreuses découpures. La Grèce tout entière est une presqu'île très découpée; et une partie de ce pays n'est rattachée au continent que par une étroite bande de terre, l'isthme de Corinthe.

C'est dans la presqu'île des Balkans que le Danube, alors très large, achève son cours. Il forme dans la mer Noire un vaste delta.

A cette région se rattachent des îles nombreuses et belles, semées dans la mer de l'Archipel.

Les richesses du pays. — Bien cultivé, le pays serait productif dans les vallées. Sur les bords du Danube, le *froment* et le *maïs* donnent de bonnes récoltes; dans les îles et sur les bords de la Méditerranée, croissent les plantes des pays chauds : le *rosier*, l'*oranger*, le *citronnier*, l'*olivier*, même le *palmier*.

Malheureusement le brigandage empêche le travail et arrête le commerce; de plus, les fonctionnaires turcs corrompus s'enrichissent par le vol et par l'injustice.

Le sultan, c'est-à-dire le souverain

Pont de Galata à Constantinople.

du pays, a laissé ses sujets turcs opérer dans ses États d'odieux massacres de catholiques Arméniens ou Macédoniens.

Carte de la presqu'île des Balkans.

Les principaux États de la péninsule. — Le plus grand de

Vue de l'Acropole à Athènes.

ces États, le plus malheureux aussi, est la **Turquie**, qui comprend le tiers de la presqu'île balkanique; le *sultan* réside à **Constantinople**.

La *Grèce*, dont la capitale est **Athènes**; la **Roumanie**, au nord du Danube, et la **Bulgarie**, au sud, sont des États indépendants.

Deux autres États, dans les montagnes de l'Ouest, ont aussi échappé au joug des Turcs; ce sont la **Serbie** et le **Monténégro**.

Ces petits États désirent se partager le reste de l'empire turc

Les principales villes du pays. — La plus importante est **Constantinople**. Elle est à la porte de l'Asie sur le détroit qui conduit à la mer Noire. Cette grande cité, de 900.000 habitants, a un port unique au monde; un golfe allongé et superbe, la Corne d'Or, la divise en deux parties.

Sur le pont de Galata, qui réunit les deux moitiés de la ville, « c'est un pêle-mêle de types inaccoutumés, de costumes aux couleurs saisissantes, de haillons sordides, d'individus affairés... ». On y rencontre des Turcs, des Grecs, des Arméniens, des Bulgares, des Juifs, des marins de toutes les nations; on coudoie à Constantinople les races les plus diverses.

Une autre ville, Athènes, est chère aux historiens et aux artistes, qui viennent pieusement visiter les ruines des beaux monuments des anciens Grecs. C'est aujourd'hui la capitale de la Grèce.

RÉSUMÉ. — 1. *La péninsule des Balkans est couverte de montagnes, dont la chaîne principale est celle des Balkans. Le Danube y termine son cours.*
2. *La mauvaise administration des Turcs, les pillages, les massacres, ont amené des révoltes, et plusieurs États indépendants se sont constitués dans la péninsule, à côté de la Turquie. Les plus importants sont la Roumanie et la Grèce.*
3. *Les deux villes les plus intéressantes de la péninsule sont Constantinople, la clef de la mer Noire, et Athènes, la mère de la civilisation européenne.*

QUESTIONNAIRE. — 1. Que savez-vous des montagnes, des cours d'eau, des côtes, des îles de la péninsule des Balkans? — 2. Pourquoi ce pays est-il pauvre? Et pourquoi ses habitants sont-ils malheureux? — 3. Quels sont les États organisés dans la péninsule des Balkans? — 4. Parlez de Constantinople et d'Athènes.

EXERCICES. — 1. Comparez la situation des trois péninsules de l'Europe méditerranéenne : montagnes, fleuves, productions. — 2. Quelles sont les productions communes à ces trois pays? — 3. Quelles villes voudriez-vous visiter dans ces régions, et pourquoi? — 4. Quelles sont les mers qui dépendent de la Méditerranée?

CHAPITRE VIII
L'EUROPE CENTRALE

Le centre de l'Europe est tout entier occupé par les Alpes, immense chaîne de montagnes, qui sert de point d'appui à tout le continent. C'est de là qu'il nous faut partir pour étudier les pays d'Europe : d'abord la Suisse, au milieu des Alpes; ensuite l'Allemagne et l'Autriche, qui sont en partie couvertes par les dépendances des Alpes et enfin la Belgique et la Hollande, pays de plaine en bordure vers le Nord.

I. — LA SUISSE

Treize fois plus petite que la France, la Suisse n'a que trois millions et demi d'habitants, cependant c'est un pays très intéressant.

Le sol de la Suisse. — La Suisse est un pays de montagnes. La moitié de cette contrée est, au Sud, couverte par la partie la plus élevée des Alpes (plus de 4,000 mètres) avec des neiges éternelles. A l'Ouest, les chaînes du Jura s'élèvent, comme un gigantesque talus de craie couvert d'arbres, sans dépasser 1.700 mètres.

Entre ces deux massifs, s'étend la plaine suisse, formée des débris arrachés aux montagnes par les eaux.

Les fleuves et les lacs. — Le sommet de ces montagnes est occupé par de grands glaciers. Ils donnent naissance à de nombreux cours d'eau, les *torrents*, à l'allure impétueuse sur les pentes rapides et

Pont et passe du Saint-Gothard.

orientés vers toutes les mers de l'Europe. Ils s'assagissent au bas de

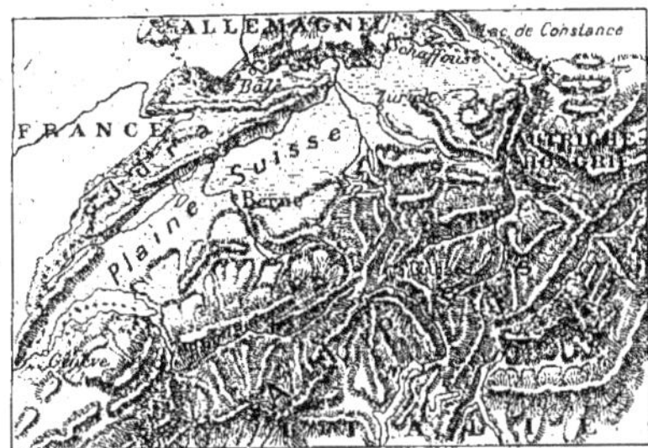

Carte de la Suisse.

la montagne en tombant dans des lacs.

Les principaux sont : à l'Ouest, le Rhône, qui va se jeter dans la Méditerranée après avoir traversé le lac de Genève; au Nord, le Rhin, qui, au delà du lac de Constance, coule à travers l'Allemagne et la Hollande vers la mer du Nord. Ils sortent tous deux du mont Saint-Gothard.

Les beautés et les richesses du pays. — La Suisse est le pays le plus pittoresque de l'Europe. Les

Pont des Bergues et l'île Rousseau à Genève.

montagnes resplendissent sous leur manteau de neige et de glace; les vallées s'assombrissent du noir rideau des pins et des mélèzes. Les fleuves bondissent, furieux, de rochers en rochers, sous forme de cascades écumantes; au contraire, les lacs, avec leur nappe d'eau tranquille et azurée, donnent une impression de calme et de repos.

Les voyageurs viennent en foule en Suisse pour admirer ces beautés de la nature ou pour respirer l'air pur des hauteurs.

La Suisse a encore d'autres ressources : des *fruits* dans la plaine; sur la montagne, de belles *forêts* et des *pâturages* à l'herbe parfumée. Les bergers suisses envoient leurs fromages de gruyère dans le monde entier.

Autour de Genève, s'est concentrée l'industrie de l'horlogerie, mais aujourd'hui la force des chutes d'eau est utilisée dans toutes les vallées pour mettre en mouvement les filatures de soie ou de coton. La Suisse se transforme en pays industriel.

Les habitants. — Les Suisses vivent à la campagne. Ils ont quelques grandes villes : Berne, la capitale, Genève, Zurich et Bâle, mais ils sont restés vigoureux par la vie au grand air et l'exercice dans la montagne. Ils sont de très bons soldats et méritent le respect de leurs voisins.

Ils jouissent aussi avec sagesse de leur liberté. La Suisse est en effet composée de 25 *cantons*, petits États qui font eux-mêmes leur police, entretiennent des écoles; pour le règlement des affaires communes, ils se réunissent ou se *fédèrent* en une *république*, avec Berne pour capitale. C'est le pays le plus uni et le plus tranquille de l'Europe.

RÉSUMÉ. — 1. *Les États du centre de l'Europe sont la Suisse, l'Allemagne, l'Autriche, la Belgique et la Hollande.*

2. La Suisse est un pays de montagnes, avec les Alpes et le Jura, séparés par une plaine.

3. Couverte de glaciers, elle est sillonnée par de nombreux fleuves, entre autres le Rhône et le Rhin.

4. La Suisse est un beau pays qui attire les touristes; elle a des forêts et des pâturages; elle s'anime par l'industrie.

5. Ses habitants sont vigoureux, ils se gouvernent sagement et forment une république fédérative.

QUESTIONNAIRE. — 1. Quels sont les pays du centre de l'Europe? — 2. Décrivez le sol de la Suisse. — 3. Quels sont ses principaux fleuves et ses lacs? — 4. Dites les beautés de la nature en Suisse. — 5. Quelles sont les productions du pays. — 6. Faites le portrait d'un Suisse. — 7. Que pensez-vous du gouvernement de la Suisse?

II. — L'ALLEMAGNE

L'Allemagne est un pays un peu plus grand que la France, situé au centre de l'Europe avec une population de 60 millions d'habitants.

Le relief du pays. — L'Allemagne est un grand plan incliné du Sud au Nord. Adossée aux Alpes, elle est couverte vers le Sud de larges plateaux boisés comme celui de la Bavière ou de massifs anciens comme la Forêt-Noire et les Vosges, si pittoresques avec leurs pentes garnies de sapins.

Tout le Nord n'est qu'une grande plaine de sable et d'argile, à peine ondulée. La pente y est si faible que les eaux ne peuvent s'écouler vers la mer et il s'y forme des marécages et des tourbières, qui n'offrent aux voyageurs que de tristes paysages.

L'Allemagne se termine sur la mer du Nord et la Baltique par des côtes sablonneuses, d'un abord difficile. Les Allemands ont utilisé les estuaires des fleuves pour y établir de grands ports, comme Hambourg et Brême, en relations avec le monde entier.

Les fleuves allemands. — L'Allemagne est un pays bien arrosé. Elle donne naissance au Danube, qui roule sur le plateau de Bavière, au Sud.

Vers le Nord coule le Rhin, qui prend sa source en Suisse et pénètre

Vue des bords du Rhin, à Boppard.

en Allemagne, après Bâle, par la riche plaine de l'Alsace. Sa vallée magnifique est bordée de rochers escarpés et de vieux châteaux féodaux en ruines. Elle est, pendant l'été, le rendez-vous des touristes. Les Allemands, enthousiasmés de sa beauté, appellent ce fleuve, *notre père le Rhin*.

Les autres fleuves du Nord, l'Elbe,

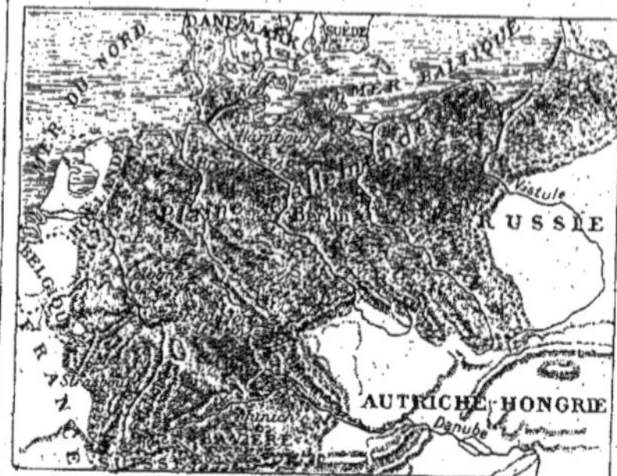

Carte de l'Allemagne.

l'Oder et la Vistule sont des cours d'eau de plaine, que les Allemands industrieux ont rendus navigables.

Les ressources de l'Allemagne. — Les Allemands ont su

Château de Potsdam.

améliorer un sol naturellement pauvre; ils cultivent surtout l'orge, le houblon et la betterave.

L'Allemagne, riche en houille et en métaux, est devenue une nation industrielle; elle a des centres animés comme les bords du Rhin et la Saxe; elle a de grandes villes : Berlin, sa capitale (2 millions d'habitants), Hambourg, son plus grand port, Munich, ville artistique, Cologne, centre commercial, Essen, la plus grande usine du monde.

L'Allemagne inonde l'univers de ses produits industriels.

La force allemande. — L'Allemagne est un *empire fédéral*, composé de 26 états. Le plus grand est la Prusse, dont le roi porte en même temps le titre *d'empereur allemand*.

Cet empire a été formé en 1871 à la suite d'une guerre terrible, qui enleva à la France l'Alsace-Lorraine. Pour garder sa conquête,

l'Allemagne entretient une armée qui peut monter à 3 millions d'hommes et elle a fortifié contre la France **Metz** et **Strasbourg**, villes autrefois françaises.

Elle rêve d'avoir aussi l'empire des mers et, pour unir ses deux flottes de la mer du Nord et de la Baltique, elle a creusé, au Sud du Danemark, le grand canal de **Kiel**.

L'Allemagne impose ainsi à l'Europe le régime désastreux et ruineux de la *paix armée*.

Le peuple allemand. — Les

Vue des quais de Hambourg.

Allemands ont de grandes qualités. Ils sont robustes, travailleurs, patients et opiniâtres; ils aiment à s'instruire; ils sont disciplinés et unis. Mais ils ont aussi leurs défauts. Ils abusent de la force; orgueilleux et ambitieux, ils sont peu aimés et isolés parmi les peuples d'Europe.

RÉSUMÉ. — 1. *L'Allemagne aussi grande que la France est plus peuplée que celle ci.*
2. *Son sol est montagneux au Sud et plat au Nord avec des côtes basses sur la Mer du Nord et la Baltique.*
3. *L'Allemagne est bien arrosée par le Danube, le Rhin, l'Elbe, l'Oder et la Vistule.*
4. *Les Allemands ont fertilisé leur sol, exploité ses richesses minières et ils ont de grands centres industriels : Berlin, Hambourg, Essen.*
5. *L'empire allemand a été créé par la force militaire; il reste un État militaire.*
6. *Le peuple allemand a de grandes qualités; il est trop orgueilleux de sa force.*

QUESTIONNAIRE. — 1. Quelle est l'étendue de l'Allemagne? Combien compte-t-elle d'habitants? — 2. Quel est l'aspect de son sol? — 3. Citez les principaux fleuves allemands. — 4. Quelles sont les richesses de l'Allemagne? — 5. Citez ses grandes villes. — 6. Comment s'est fondé l'empire allemand? — 7. Quels sont les qualités et les défauts des Allemands?

III. L'EMPIRE AUSTRO-HONGROIS

L'empire d'Autriche-Hongrie est plus grand que l'Allemagne et aussi peuplé que la France; mais il est faible à cause de ses divisions.

L'aspect du pays. — Située au milieu de l'Europe, l'Autriche-Hongrie est formée d'une immense plaine, arrosée par le Danube et enfermée entre les Alpes à l'Ouest et les Karpathes à l'Est.

C'est un pays sans unité: le milieu de la plaine est habité par les Hongrois, au Nord sont les Polonais, les Bohémiens et les Allemands. Au Sud-Ouest, vers l'Adriatique, sont des provinces italiennes. C'est le seul côté maritime de l'Autriche-Hongrie.

Le fleuve du pays est le Danube, le second de l'Europe après la Volga. Il sort d'Allemagne et il est déjà majestueux quand il entre en Autriche; son lit est large et embarrassé d'îles nombreuses. Dans la plaine de Hongrie, le Danube, grossi d'affluents importants, a d'énormes crues et offre l'aspect d'un véritable bras de mer. Il s'échappe au Sud-Est, par un passage resserré entre les rochers, les Portes de fer.

Le Danube est très utile à l'empire, parce que c'est un fleuve navigable, qui sert au transport des marchandises.

La vie de l'Autriche-Hongrie. — L'empire austro-hongrois est composé de régions bien différentes les unes des autres par leurs productions.

A l'Ouest, les provinces allemandes sont le siège de l'adminis-

Une rue de Vienne, le Graben.

tration du pays; au nord, la Bohême, avec ses mines de fer, de plomb,

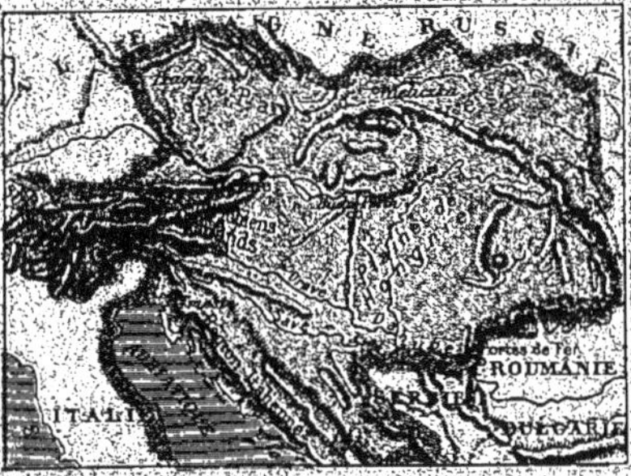
Carte d'Autriche-Hongrie.

d'argent, est le coffre-fort de l'Autriche-Hongrie; au centre, la grande plaine de la Hongrie n'est qu'un immense champ de blé et de maïs. Au Sud-Ouest, les provinces alpestres sont garnies de forêts et de pâturages.

Les riches mines de sel de Wieliczka, en Pologne, sont célèbres; elles mesurent 10 kilomètres de long, 1 kilomètre et demi de large

Grotte des mines de sel de Wieliczka.

et elles sont percées de galeries dont le développement est de 400 kilomètres. Elles sont comme une ville souterraine, avec des places et des carrefours, avec des lampes dont la lumière fait briller les cristaux de sel. Des centaines d'ouvriers y naissent, y vivent et y meurent sans voir jamais le soleil.

Les divisions de l'Autriche-Hongrie. — Cet empire, qui fut autrefois un des plus puissants de l'Europe, a aujourd'hui deux gouvernements, qui sont souvent en désaccord, l'un autre lien à Vienne,

l'autre hongrois, à Buda-Pesth; les deux capitales sont de fort belles villes.

L'empereur d'Autriche est en même temps roi de Hongrie.

Les Bohémiens, instruits, civilisés, voudraient former un troisième État, avec Prague pour capitale; les Italiens de Trieste désirent leur rattachement à l'Italie. L'empire austro-hongrois ressemble fort, on le voit, au « manteau d'Arlequin », et l'empereur a beaucoup de peine à

Pont de Buda-Pesth.

maintenir l'harmonie entre tous ces peuples ennemis. Il est probable que cette unité factice ne subsistera pas; elle est à la merci des convoitises des peuples voisins, surtout de l'Allemagne. Le sort de l'Autriche-Hongrie peut donc entraîner aussi celui de l'Europe dans un avenir assez rapproché.

RÉSUMÉ. — 1. *L'empire austro-hongrois est vaste, peuplé, et il a de grandes richesses. Le grand fleuve de l'empire est le Danube.*

2. Les peuples qui le composent, Allemands, Hongrois, Bohémiens, Polonais, Italiens ont souvent de la peine à s'entendre, de là la faiblesse de l'empire.

3. Les deux capitales sont: Vienne en Autriche, Buda-Pesth en Hongrie.

QUESTIONNAIRE. — 1. Décrivez l'Autriche-Hongrie: le relief du pays, le fleuve, la vallée. — 2. Quelles sont les principales ressources du pays? Parlez des mines de sel de Wieliczka. — 3. Quels sont les peuples qui habitent l'Autriche-Hongrie, et que désirent ces peuples?

IV. LA BELGIQUE

La Belgique, située au nord de la France, compte près de sept millions d'habitants. C'est le pays le plus peuplé de l'Europe, si l'on tient compte de sa faible étendue.

Les deux régions de la Belgique. — La Belgique est naturellement divisée en deux parties : à l'Est, c'est une région accidentée, le plateau des Ardennes, couvert de forêts et animé par la vallée de la Meuse si pittoresque. A l'Ouest, c'est la plaine de Flandre, sillonnée par l'Escaut, terre grasse et fertile, la plus riche de l'Europe.

Les ressources de la Belgique. — La Belgique a des ressources abondantes : *céréales, betteraves* et *tabac*; vers la mer, *légumes* et *bétail*.

Le sol renferme d'inépuisables

Port d'Anvers.

mines de houille aux environs de Liége et de Charleroi, où s'est concentrée l'industrie du pays.

Les cours d'eau sont navigables, et, vers la côte, Anvers est un port très actif.

La population belge. — Les Belges sont divisés en deux groupes : à l'Est, les Wallons,

Hôtel de ville de Bruxelles.

habitants des Ardennes, parlent le français; à l'Ouest, les Flamands, avec une langue germanique, ressemblent aux Allemands.

Le pays est administré par un roi

Carte de la Belgique et de la Hollande.

constitutionnel, qui réside à Bruxelles, la capitale.

RÉSUMÉ. — 1. *La Belgique se divise en plateau des Ardennes et en plaine de Flandre.*

2. *La plaine est fertile; le sol abonde en houille et, sur la côte, le commerce est actif.*

3. *On distingue, parmi les Belges, les Wallons, dont le caractère est français et les Flamands, plutôt Germains. Le gouvernement est une royauté constitutionnelle.*

QUESTIONNAIRE. — 1. Où est située la Belgique? — 2. Comparez les deux régions de la Belgique. — 3. Quelles sont les ressources de la Belgique? — 4. Quel est son gouvernement?

V. — LA HOLLANDE

La Hollande, au Nord-Ouest de l'Europe, compte plus de cinq millions d'habitants.

Aspect du pays. — Aucun pays ne mérite mieux son nom de Pays-Bas. La Hollande est une plaine verdoyante, couverte de brumes, mais si basse que les eaux ne s'y écoulent pas vers la mer; il faut, pour les chasser, des machines, mises en mouvement par des moulins à vent.

Par endroits, le sol s'abaisse même *au-dessous* du niveau de la mer et les Hollandais ont dû construire des *digues* contre la mer.

Aussi la côte est bordée d'îles basses et marécageuses ou elle s'ouvre en grands golfes comme le Zuiderzée, qui est une partie du territoire envahie par la mer.

Les fleuves, le Rhin, la Meuse et l'Escaut, qui s'y terminent, n'ont aucun courant.

La vie hollandaise. — La

Paysage de Hollande.

Hollande, couverte de prairies, pratique l'élevage et exporte des fromages. Elle a des jardins superbes par l'éclat de leurs *tulipes*.

Les Hollandais ont de bons ports: Rotterdam, Amsterdam et des colonies prospères.

Le peuple Hollandais. — Ce peuple est patient par sa lutte contre la mer.

Une rue de la Haye.

Le gouvernement est une royauté constitutionnelle, installée à la Haye, la capitale; cette ville est devenue dernièrement le siège d'un grand tribunal d'arbitrage entre les nations.

RÉSUMÉ. — 1. *La Hollande mérite son nom de Pays-Bas; elle a dû se protéger contre la mer par des digues et les fleuves y coulent lentement.*

2. *Le pays est couvert de prairies; pénétré par l'eau, il est favorable à la vie maritime.*

3. *Le Hollandais est patient, pratique et attaché à sa liberté.*

4. *Les villes importantes du pays sont :* Rotterdam, Amsterdam *et la* Haye.

QUESTIONNAIRE. — 1. Pourquoi donnet-on à la Hollande le nom de Pays-Bas? — 2. Décrivez l'aspect du pays. — 3. Quelles en sont les ressources? — 4. Quels sont les ports de la Hollande?

EXERCICES. — 1. Comparer la Suisse et la Hollande : aspect, productions, travaux, etc. — 2. Comparer la Belgique à la France du Nord : aspect, richesses, population active et serrée. — 3. Comparer les empires allemand et austro-hongrois : puissance de l'un et faiblesse de l'autre.

CHAPITRE VIII
L'EUROPE SEPTENTRIONALE

*Quel contraste entre les pays en-
soleillés et chauds du midi de l'Europe et les contrées brumeuses et
froides de l'Europe septentrionale;
entre la Méditerranée, d'un bleu vif,
aux rivages montagneux et pittoresques, et les mers aux couleurs
sombres et aux côtes plates de l'Europe du Nord, qui baignent les* Iles
Britanniques, *les* États Scandinaves
*et l'*Empire Russe !

I. — LES ILES BRITANNIQUES.

L'archipel des Iles Britanniques
forme la Grande-Bretagne, qui comprend d'une part l'Angleterre et
l'Écosse, et de l'autre l'Irlande.

Géographie physique. — Le
sud de la Grande-Bretagne est une
grande plaine semblable aux Pays-
Bas. A l'ouest, dans le pays de
Galles, et au nord, en Écosse, s'élèvent des montagnes rocheuses. Au
fond des vallées d'Écosse dorment
de beaux lacs. L'Irlande, élevée
sur presque tout son pourtour, est
basse et marécageuse au centre.

Lac Katrin en Écosse.

La Grande-Bretagne est humide;
les brouillards y sont perpétuels.

Les fleuves du pays sont courts,
mais accessibles aux navires. Le
plus important est la Tamise, qui
traverse la grande ville de Londres.

Grâce à ses fleuves profonds et à
ses baies nombreuses, l'Angleterre
est avant tout un pays de marins.
« *La mer*, a dit justement Michelet,
est anglaise d'inclination. »

Les richesses du pays. — Les
forêts de l'Écosse, les *prairies* de
l'Angleterre et de l'Irlande sont les
richesses du pays. On y élève des
chevaux de course et de superbes
bœufs.

Carte des îles Britanniques.

L'Angleterre a les houillères les
plus riches du monde et d'inépuisables gisements de fer et d'étain.

Les cités industrielles sont nombreuses : Londres, la capitale, deux
fois plus peuplée que Paris, est une
ville de commerce et d'industrie. A
Birmingham se font entendre sans
cesse les marteaux pilons des usines ; Manchester travaille la laine,
le coton, le chanvre; Glasgow construit des navires.

Une place de Liverpool.

*La flotte marchande de l'Angle-
terre est la première du monde;
et dans les ports de tous les pays,
on entend parler anglais.*

Géographie politique. —
L'Angleterre est très riche. L'Écosse,
habitée par une population vigou-

reuse, a comme capi-
tale Édimbourg. L'Ir-
lande, longtemps ex-
ploitée par l'Angle-
terre, semble mieux
traitée aujourd'hui.
Sa capitale est Du-
blin.

A la tête de l'An-
gleterre se trouve un
roi, qui gouverne le
pays selon les vœux
des habitants, re-
présentés par deux
Chambres. Cet accord
entre le roi et la na-
tion dure depuis des
siècles et a été pour
beaucoup dans la
prospérité de l'An-
gleterre.

On peut reprocher
aux Anglais leur
égoïsme, leur avidité;
mais ils ont un sens
pratique très sûr, un
grand amour du tra-
vail et un remarqua-
ble esprit de suite
dans leur politique.

Pont de Londres.

RÉSUMÉ. — 1. *Au Nord de l'Europe se trouvent les* Iles Britanniques, *les* Pays Scandinaves *et la* Russie.

2. *La Grande-Bretagne est un groupe*
*d'îles, humides et brumeuses. Elle renferme
de belles prairies, des mines de houille et
des gisements de fer très riches.*

3. *Londres, la capitale, Birmingham, Manchester, Liverpool en Angleterre; Glasgow
en Écosse et, en Irlande, Dublin, sont les
principales villes du pays. Les Anglais ont
la plus belle flotte du monde.*

4. *Le Gouvernement repose sur l'accord
du roi avec la nation et les Anglais ont à
la fois de grandes qualités et de grands
défauts.*

QUESTIONNAIRE. — 1. Décrivez le
Royaume-Uni de Grande-Bretagne et d'Irlande. — 2. Quelles sont les richesses de
l'Angleterre, ses principales villes ? —
3. Quel est le gouvernement de l'Angleterre ?

II. — LES ÉTATS SCANDINAVES

Ils comprennent la Suède et la Norwège, toutes deux situées dans une presqu'île plus grande que la France, et le Danemark qui occupe une petite presqu'île et plusieurs îles entre la Baltique, à l'est, et la mer du Nord, à l'Ouest.

Leur population totale est de près de 10 millions d'habitants : 2 millions et demi pour le Danemark, 2 millions et demi pour la Norwège et 5 millions pour la Suède.

Géographie physique. — Le Danemark est une plaine de sable, à peine élevée au-dessus des mers voisines et séparée de la Suède et Norwège par des détroits peu profonds ; le plus fréquenté est le Sund, sur lequel est le grand port de Copenhague.

Entre la Suède et la Norwège s'étendent les Alpes scandinaves. Ces montagnes sont couvertes de belles forêts ; et entre leurs chaînons, du côté de l'Atlantique, s'allongent des golfes profonds, étroits, dominés par

Un fiord en Norwège.

de hauts rochers, les *fiords* de Norwège. En Suède, on admire de beaux

Vue de Stockholm (Suède).

lacs, dont plusieurs, remplis d'eau salée, communiquaient autrefois avec la mer. Stockholm est la Venise du Nord.

Carte de la presqu'île Scandinave.

L'hiver est long et rigoureux en Norwège. Pendant huit mois, la neige couvre le pays ; chacun se calfeutre chez soi, on ne voyage plus qu'en traîneaux. Mais on fait de fortifiantes parties de patinage et des courses fantastiques avec le ski, grandes planches de bois qui, adaptées aux pieds comme des patins, permettent de glisser sur la neige. Quand revient l'été, c'est une joie générale. En quelques mois, les semailles sont faites, les plantes germent, croissent, mûrissent et la récolte est rentrée.

Les ressources du pays. — L'élevage des bestiaux, la fabrication du beurre et du fromage, la culture du lin et du chanvre, voilà les principales ressources du Danemark qui se livre, en outre, au commerce maritime.

La Suède a quelques champs de blé, de seigle et d'orge. Elle récolte aussi des pommes de terre et des fruits. Mais ses principales richesses sont les *mines* de fer et de cuivre.

En Norwège, c'est l'exploitation des *forêts*, le commerce maritime et la *pêche* du hareng, qui occupent les habitants.

Géographie politique. — Bien constitués, grands, énergiques, en dépit de leur physionomie douce,

les Scandinaves sont sympathiques. Ce peuple a le goût le plus vif pour l'instruction.

Pendant une partie du siècle der-

Vue de Christiania (Norwège).

nier, les Scandinaves se sont laissé aller aux excès d'alcool ; mais voyant le danger, ils ont courageusement entrepris de se guérir de ce défaut, et la plupart sont maintenant d'une sobriété que nous devrions imiter.

Vue de Copenhague (Danemark).

Un roi gouverne le Danemark, mais ce roi n'est pas un maître absolu. La Suède et la Norwège, réunies pendant un siècle, viennent de se séparer et de se donner des rois particuliers.

Résumé. — 1. *Les* pays scandinaves *comprennent la* Suède, la Norwège *et le* Danemark ; *leur population est faible.*

2. *L'élevage des bestiaux en Danemark, l'exploitation du fer en Suède, la mise en valeur des forêts, la pêche et le commerce maritime en Norwège, sont les principales ressources du pays.*

3. *Les Scandinaves sont doux, instruits, civilisés. Leurs villes importantes sont :* Stockholm *en Suède,* Copenhague *en Danemark. Les fiords de Norwège attirent de nombreux touristes.*

Questionnaire. — 1. Dites la situation des États scandinaves, les mers qui les baignent, les montagnes qui s'y trouvent, les régions curieuses qu'on va y visiter. — 2. Quels sont les États scandinaves, leurs villes importantes, leurs ressources ? — 3. Quels sont les principaux traits du caractère scandinave ?

III. — LA RUSSIE

La Russie est dix fois plus grande que la France et elle possède en Asie des territoires aussi vastes que l'Europe tout entière.

Sa population, de plus de 100 millions d'habitants, dépasse celle de l'Allemagne et de la France réunies.

La plaine russe. — Une plaine monotone, sans fin, voilà la Russie. Cette plaine est bornée au Sud par le Caucase, à l'Est par l'Oural. Elle est arrosée par de très grands fleuves, dont les plus importants sont la Volga, qui se jette dans une mer fermée, la mer Caspienne; le Don, dans la mer d'Azov, et le Dniepr, dans la mer Noire. La Russie manque de débouchés.

Au Nord, s'étendent des marécages glacés et à peu près inhabités, les *toundras*; au Sud de ces marécages

Vue de la steppe.

sont des forêts de bouleaux. Au centre et au sud de la Russie, la zone des « *terres noires* » très fertiles est un vaste champ de blé. Du côté de la mer Caspienne, s'étendent des *steppes*, terrains salés remplis de hautes herbes, dans lesquelles disparaissent presque les cavaliers cosaques.

Pendant l'hiver long et rigoureux, les courses en traîneaux, le patinage, la chasse à l'ours sont les distractions des Russes.

Richesses de la Russie. — Les ressources du pays sont grandes et variées.

Ce sont d'abord les *forêts*, le *lin* et le *chanvre*, et surtout le *blé*.

Puis les animaux à fourrures dans la zone froide, et les *chevaux*, très nombreux dans les régions cultivées ou dans les steppes.

Enfin les *métaux*, le fer, le zinc, le platine, l'or, abondent dans l'Ou-

Carte de la Russie d'Europe.

ral, et le *pétrole* se trouve en grande quantité dans la région du Caucase.

Le jour où les Russes seront plus instruits, leur pays sera un des grands centres de production du globe. Riga et Odessa reçoivent déjà de nombreux navires, mais ces ports sont sur des mers fermées, la

Vue du Kremlin, à Moscou.

mer Baltique et la mer Noire, ce qui gêne leurs relations avec l'étranger.

Population, gouvernement. — La population de l'empire russe est clairsemée, et les grandes villes y sont rares. Saint-Pétersbourg, la capitale moderne, belle cité sur la Néva, et Moscou, l'ancienne capitale, au centre de la Russie, sont les deux plus populeuses. Varsovie, capitale de l'ancienne Pologne, compte un

million d'habitants.

Le tsar est le maître absolu du pays. Au-dessous de lui est une classe privilégiée et riche, la noblesse; les paysans et les ouvriers sont souvent misérables. Quiconque critique le gouvernement risque d'être déporté dans la froide Sibérie.

Mais des réformes sont prochaines : la Russie s'ouvre peu à peu aux idées modernes, le peuple sent la nécessité de s'instruire et réclame la liberté.

Résumé.— 1. *La* Russie *est dix fois plus grande que la France et trois fois plus peuplée. C'est une grande plaine froide, dont le plus grand fleuve est la* Volga. 2. *Elle serait riche si les Russes étaient*

Perspective Newsky, à Saint-Pétersbourg.

plus instruits et savaient mieux cultiver leurs terres et exploiter leurs mines.

3. *Les grandes villes du pays sont les deux résidences du souverain,* Saint-Pétersbourg *et* Moscou, *puis* Varsovie, Riga *et* Odessa.

4. *Le tsar est maître absolu, mais les Russes réclament un peu plus de liberté.*

Questionnaire. — 1. Quelle est l'étendue de la Russie? Quelles sont ses bornes? Par quelles mers est-elle baignée? — 2. Quels territoires la Russie possède-t-elle en dehors de l'Europe? — 3. Quelles sont les principales richesses de la Russie? Où sont les terrains les plus fertiles? — 4. Quelles sont les grandes villes du pays?

Exercices. — 1. Comparer la Russie et l'Angleterre : situation, richesses, population. — 2. Quels sont les désavantages qui empêchent la Russie d'être une grande puissance maritime?

1. *Gibbon.* — 2. *Tigre royal.* — 3. *Éléphant.* — 4. *Rhinocéros.* — 5. *Dugong.* — 6. *Hermione.* — 7. *Chameau.* — 8. *Mouflon poli.* — 9. *Porte-musc.* — 10. *Yack.* — 11. *Zèbre.* — 12. *Paon.* — 13. *Argus.* — 14. *Serpent à lunettes (naja).* — 15. *Gavial.* — 16. *Figuier banian.* — 17. *Nelumbo.* — 18. *Ricin.* — 19. *Rhubarbe.* — 20. *Coton.* — 21. *Canne à sucre.* — 22. *Bambou.* — 23. *Cocotier.* — 24. *Riz.*

CHAPITRE IX

L'ASIE

Des cinq parties du monde, l'Asie est la plus vaste; elle a quatre fois la surface de l'Europe. Les convois, qui circulent sur la ligne du Transsibérien, mettent quinze jours pour la traverser; c'est dire son étendue.

I. — GÉNÉRALITÉS SUR L'ASIE

Situation. — L'Asie est, comme l'Europe, située tout entière dans l'hémisphère boréal, mais elle touche presque au pôle Nord d'une part, et, de l'autre, elle s'étend jusqu'à l'équateur.

Elle a donc *tous les climats*, depuis les froids de la zone glaciale jusqu'à l'insupportable chaleur de la zone torride.

L'Asie est de forme très massive : si elle avance vers le Sud trois grandes presqu'îles vers l'Océan indien : l'Arabie, l'Inde et l'Indo-Chine, si, à l'Est et au Sud, elle est entourée d'îles nombreuses, comme celles du Japon et de la Sonde, l'ensemble du continent asiatique est en réalité très peu découpé par l'Océan.

Les montagnes de l'Asie. — L'Asie est aussi le pays, qui renferme les plus grandes montagnes du globe.

Au centre s'élève un plateau très vaste, très froid et presque inaccessible, c'est le grand plateau central, dont le point le plus élevé, le Thibet, a été appelé pour cette raison le *toit du monde*. Ce plateau est flanqué à l'Est et à l'Ouest surtout d'autres plateaux considérables.

Au Sud ou au Nord de ces plateaux se dressent des montagnes, étendues en chaînes à travers l'Asie. La plus élevée est celle de l'Himalaya, la plus haute montagne de la terre; elle a presque deux fois l'altitude du mont Blanc.

Enfin, sur les bords du continent s'étendent de grandes plaines.

Le climat asiatique. — En général, l'Asie a un climat rigoureux, ou très froid, ou très chaud, il n'y a guère de milieu. A cause de sa grande masse, elle échappe à l'influence adoucissante de la mer. Tout le Nord, la Sibérie, et le Centre (le Thibet), sont glacés pendant la plus grande partie de l'année; les presqu'îles du Sud, arrosées par les nuages venus de l'Océan Indien, ont une température très chaude.

Les déserts de l'Asie. — L'Asie a de grandes régions inhabitées, qui se nomment des *déserts*.

En Asie, certains déserts, ceux du Nord, dans la Sibérie, sont glacés. Les *rennes* sont à peu près les seuls animaux qui puissent y vivre, avec des bêtes à fourrure, comme la martre, la zibeline. Les rares habitants de ces tristes solitudes sont des chasseurs.

D'autres régions, comme le désert de Gobi ou Océan de sable, sont inhabitables à cause de leur extrême sécheresse. Pas d'arbres, pas même un brin d'herbe, pas d'animaux, sauf le lézard, dans ces pays désolés.

L'intérieur de l'Arabie, au Sud, est une fournaise. La chaleur y est si forte parfois qu'elle fait éclater la pierre. Des années entières se passent sans pluie. Dans de tels pays, seuls les animaux les plus sobres peuvent vivre, la gazelle, « qui ne boit jamais », le chameau, qui emporte avec lui sa provision d'eau, le cheval, « qui boit l'air ».

Les fleuves de l'Asie. — La plupart des fleuves asiatiques sortent du massif central et se dirigent vers l'Océan Glacial Arctique, vers l'Océan Pacifique et vers l'Océan Indien. Ce sont des fleuves immenses, auprès desquels ceux de notre pays ne paraîtraient que de simples ruisseaux.

Les fleuves du Nord sont, comme le pays qu'ils traversent, la Sibérie, gelés une grande partie de l'année.

Les fleuves de l'Est arrosent la Chine. Le Hoang-ho ou Fleuve Jaune a un cours six fois plus grand que celui de la Seine; il roule d'énormes masses d'eau, mêlées de terre, de là son nom; il change parfois de lit en causant des inondations terribles. Le Yan-tse-Kiang ou Fleuve Bleu est encore plus long et les vaisseaux peuvent le remonter sur des milliers de kilomètres.

Vers le Sud, dans l'océan Indien, se déversent des fleuves considérables, comme le Mékong avec son immense et fertile delta, le Gange, le fleuve sacré de l'Inde, l'Indus, dont la vallée est une merveille. Le domaine de ces fleuves est très fertile; ce sont les endroits les plus peuplés du monde.

Les côtes de l'Asie. — L'Asie a des côtes très diverses d'aspect.

Dans l'Océan glacial du Nord, la côte, basse et peu découpée, reste gelée les deux tiers de l'année et elle est peu fréquentée.

A l'Est, l'Océan Pacifique creuse des mers fermées par des rangées d'îles comme les archipels du Japon, des Philippines et des îles de la Sonde.

Au Sud, vers l'Océan Indien, le rivage est accidenté par les trois grandes presqu'îles de l'Indo-Chine, de l'Inde et de l'Arabie, séparées par des golfes profonds.

A l'Ouest, la Méditerranée est dominée par les bords escarpés du plateau d'Asie Mineure, cependant elle est favorable à la navigation.

Les productions de l'Asie. — L'Asie, à cause de la variété de

Cueillette du thé.

ses climats, a aussi des produits de toutes sortes.

La principale culture de l'Asie est celle du *riz*, l'aliment par excellence des Orientaux.

On sème le riz dans des terrains marécageux toujours couverts d'eau. Si le riz a besoin d'eau, il exige aussi un soleil de feu.

Le *mûrier*, qui sert à la nourriture du ver à soie, le *thé*, le *coton*, l'*opium*, sont, après le riz, les cultures les plus répandues. L'*opium* est une substance enivrante, que les Chinois fument avec délices.

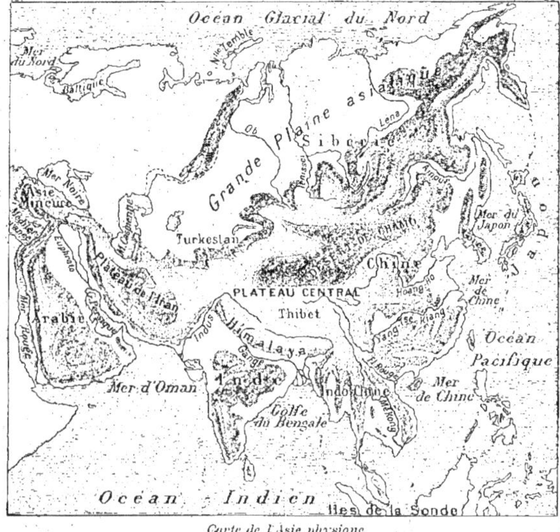

Carte de l'Asie physique.

Le thé est un arbuste, dont on cueille les feuilles pour les faire sécher ; elles prennent alors une odeur aromatique très douce et on en fait une boisson agréable en les mélangeant avec de l'eau bouillante.

Les animaux de l'Asie. — Les animaux les plus utiles de l'Asie sont le *renne* et les animaux à fourrure dans le Nord, le *mouton* à laine épaisse du Turkestan, la *chèvre* de Mongolie, le *cheval arabe*, le *chameau* du désert et l'*éléphant* des Indes, employé à tous les travaux.

Les races humaines en Asie. — Outre les Esquimaux qui habitent de misérables huttes de neige, vivent en Asie deux des grandes races humaines.

La race jaune comprend les Chinois et les Japonais. Les jaunes, aux yeux obliques, aux pommettes saillantes, sont fort intelligents.

La race blanche est représentée en Asie par les Arabes, les Persans, et une grande partie de l'énorme population de l'Inde.

Arabe. — Esquimau. — Chinois.

Résumé. — 1. *L'Asie est quatre fois plus grande que l'Europe, elle touche à l'équateur et s'étend presque jusqu'au pôle.*

2. *Un grand plateau central est bordé au Nord par des plaines étendues et au Sud, par de hautes montagnes, comme la chaîne gigantesque de l'Himalaya. Les grands fleuves de l'Asie sont : le Fleuve Jaune et le Fleuve Bleu en Chine; le Mékong, le Gange, et l'Indus tributaires de l'Océan Indien.*

3. *En Asie, on trouve les climats les plus divers; certaines régions sont désertes et d'autres surpeuplées.*

4. *Les principales cultures de l'Asie sont le riz, le thé, le coton; l'animal le plus intéressant de cette partie du monde est l'éléphant.*

5. *La race jaune peuple la Chine et le Japon; la race blanche, une grande partie de l'Inde, la Perse, l'Arabie et la Turquie d'Asie.*

Questionnaire. — 1. Dites l'étendue, la position, les bornes de l'Asie. — 2. Citez les principaux pays de l'Asie. — 3. Parlez des montagnes de l'Asie, de ses fleuves, de ses déserts. — 4. Quelles sont les principales cultures de l'Asie, ses animaux les plus caractéristiques? — 5. Quelles sont les races humaines de l'Asie?

II. — LES PRINCIPAUX ÉTATS DE L'ASIE

A plusieurs reprises, les Asiatiques ont envahi l'Europe. Tantôt ils l'ont ravagée, comme autrefois les terribles Huns d'Attila et les Mongols; tantôt ils s'y sont établis en maîtres comme les Turcs, qui sont encore à Constantinople.

Les Européens, à leur tour, se sont rendus maîtres d'une partie de l'Asie, mais d'importantes régions sont restées indépendantes.

A. — Pays d'Asie possédés par les Européens.

Les Russes en Asie. — L'empire russe comprend, en Asie, la Transcaucasie, le Turkestan, la Sibérie.

La Transcaucasie, au sud du Caucase, est une contrée montagneuse,

Vue de Tiflis dans le Caucase.

qui abonde en *pétrole*. La capitale est Tiflis.

Le Turkestan entoure la mer d'Aral. Les Russes ont construit un chemin de fer dans ce pays desséché, qu'ils s'efforcent de fertiliser par l'irrigation.

La vaste Sibérie est inhabitable au Nord, mais le Sud peut être cultivé et les montagnes renferment des mines. Un chemin de fer, le Transsibérien, relie la Russie à la Chine. Le long de cette voie, des villes s'élèvent, des terres sont défrichées et la civilisation européenne progresse peu à peu.

Les Russes ont été arrêtés par les Japonais dans leurs progrès sur les rives asiatiques de l'Océan Pacifique.

Les Anglais en Asie. — Les Anglais ont enlevé de ce côté aux Français la grande presqu'île de l'Inde, qui compte près de trois cents millions d'habitants. Elle est pres-

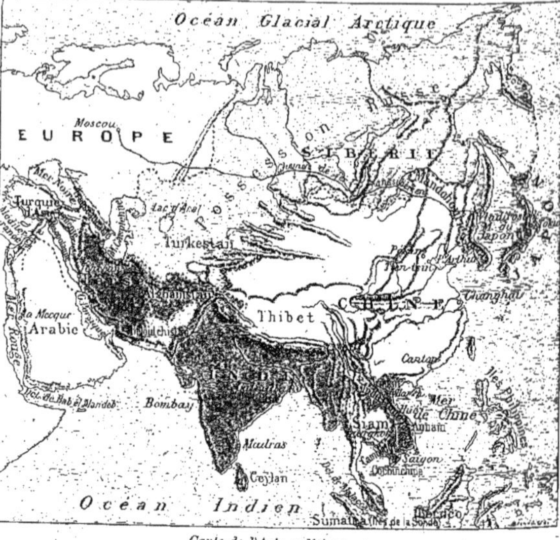

Carte de l'Asie politique.

que partout fertile en coton, thé, café et épices.

Les Anglais ont su, en construi-

Vue des sept Pagodes, près Madras.

sant des chemins de fer et en organisant une armée de deux cent mille hommes, rendre leur autorité très forte dans l'Inde. Calcutta, la capitale, **Madras et Bombay**, les ports, sont de grandes villes. Les révoltes n'y sont plus à craindre; les indigènes sont divisés en castes jalouses les unes des autres.

Les Anglais occupent encore une partie de l'Indo-Chine, la presqu'île voisine de l'Inde, à l'Est.

Les Français en Indo-Chine. — En réalité, les véritables maîtres de l'Indo-Chine, ce sont les Français, qui y ont conquis successivement la Cochinchine, le Cambodge, plaine chaude et marécageuse à l'embouchure du Mékong, l'Annam sur la mer de Chine et au Nord, le Tonkin, voisin de la Chine et très peuplé comme elle.

L'Indo Chine est couverte de forêts; on y trouve aussi des villes animées comme Saïgon, Hué, et Hanoï.

Elle est bien placée, à proximité de la Chine, avec laquelle elle peut faire du commerce; mais ce voisi-

Une rue de Hanoï.

nage est aussi dangereux, car les Chinois regardent d'un œil jaloux cette belle colonie, et notre grand souci est d'en assurer la défense.

Les Hollandais en Insulinde. — Le sud de l'Asie est formé d'îles, qu'on appelle l'Insulinde.

Les Hollandais occupent les plus riches, celles de la Sonde, depuis longtemps, et ils y cultivent le riz, la canne à sucre, le tabac, le café, le thé et toutes sortes d'épices, qu'ils expédient par **Batavia**, le port de la région.

Les États-Unis et les Philippines. — Au sud-est, l'archipel des îles Philippines a été conquis récemment sur l'Espagne par les Américains des États-Unis, qui se sont empressés de mettre en valeur ces riches contrées.

B. — *Pays indépendants.*

La Turquie d'Asie. — Les Turcs ont conservé tout l'Ouest de l'Asie, berceau des anciennes civilisations.

Ils occupent la presqu'île d'Asie-Mineure, en face de l'Europe si favorable à la navigation; la Syrie, côte montagneuse sur la Méditerranée; à l'Est, l'Arménie et la Mésopotamie, régions riches en troupeaux, et au Sud, l'immense presqu'île d'Arabie, qui est un désert, où la ville sainte, la Mecque, attire cependant de nombreux pèlerins musulmans.

Mais le sultan des Turcs, qui réside à Constantinople, en Europe, gouverne très mal ces pays : il exploite ou persécute ses sujets non musulmans; comme en Arménie.

La Perse et le Siam. — Au Sud-Ouest, le royaume de Perse, avec le grand plateau froid de l'Iran, se civilise grâce à l'initiative de son souverain, le shah, qui vient souvent en Europe.

Au Sud-Est, le Siam, avec sa capitale Bangkok, est une contrée riche et peuplée, qui menace aussi nos frontières de l'Indo-Chine.

La Chine. — A l'Est de l'Asie, s'étend l'empire de Chine, aussi grand que l'Europe. C'est une des contrées les plus peuplées du monde, avec ses 400 millions d'habitants.

La Chine est en partie couverte par les montagnes du centre de l'Asie. Dans les plaines, à l'Est, on cultive le riz, le thé; la Chine a des mines de métaux et de houille.

Les villes sont très peuplées : Pé-kin a 1.500.000 habitants, Tien-Tsin, port voisin, près d'un million; Chang-Haï et Canton font un grand commerce, mais elles sont d'une déplorable malpropreté.

Les Chinois ont, dès la plus haute antiquité, inventé la poudre, le papier, puis leur civilisation est demeurée stationnaire. Depuis quel-

Chang-Haï. — La ville chinoise.

ques années, ils veulent imiter les Européens.

Nous les trouvons singuliers parce qu'ils font presque toutes choses d'une façon opposée à la nôtre. « Ils s'habillent de blanc pour témoigner leur douleur; nous, nous allons tout de noir habillés. Ils finissent le dîner par le potage alors que nous, nous commençons par la soupe. Ils boivent chaud en mangeant, alors que nous buvons frais... Où nous avons la première page sur le livre, ils ont la dernière; nous lisons de gauche à droite, eux de droite à gauche. » Mais ils sont laborieux, sobres, intelligents; et, comme ils ont été traités durement par les Européens, ils détestent les étrangers.

Le Japon. — Le Japon est un archipel montagneux, pittoresque, qui comprend plusieurs milliers d'îles, dont cinq principales. La plus vaste est Hondo. Toutes ensemble sont moins étendues que la France, mais elles renferment 45 millions d'habitants.

Une quinzaine de volcans bouleversent le pays par de fréquentes éruptions, l'un deux surtout, le Fusiyama, très élevé, est admiré et presque adoré des habitants.

Les îles japonaises ont peu de terres cultivables, et les rizières des vallées ne suffisent pas à nourrir la population. Aussi les Japonais ont-ils conquis la **Corée**, qu'ils ont à demi colonisée.

Le Japon a d'importantes ressources minérales : métaux, pétrole,

Volcan de Fusiyama.

houille, soufre; et la grande étendue de ses côtes en fait un pays de marins et de pêcheurs.

Le *mikado*, ou empereur du pays, réside à Tokio, ville de 1.400.000 habitants.

Les Japonais ont de très grandes qualités. Très intelligents, ils ont su,

Un coin de Tokio.

en moins de cinquante ans, emprunter aux Européens leurs sciences, leurs industries; ils ont organisé une armée excellente, construit une flotte de guerre formidable.

RÉSUMÉ — 1. *L'Asie renferme des colonies européennes et des états indépendants.*

2. *Les Russes ont conquis la Transcaucasie, le Turkestan, et l'immense Sibérie. En Indo-Chine dominent les Français. Les Anglais possèdent l'Inde, fertile et très peuplée.*

3. *Les contrées indépendantes sont : l'Asie turque, la Perse, le Siam et la Chine, qui a 400 millions d'habitants ; enfin le Japon qui est devenu rapidement une puissance militaire de premier ordre.*

QUESTIONNAIRE. — 1. Parlez des colonies européennes en Asie; quelles sont leurs productions? — 2. Parlez des États indépendants en Asie; leur situation, leur importance. — 3. Comparez l'Hindoustan et la Sibérie. — 4. Comparez le Japon et les Iles Britanniques. — 5. Quels pays désireriez-vous visiter en Asie et pourquoi?

1. *Gorille.* — 2. *Magot.* — 3. *Lion.* — 4. *Hippopotame.* — 5. *Chacal.* — 6. *Antilope (Coudou).* — 7. *Zèbre.* — 8. *Girafe.* — 9. *Rhinocéros bicorne.* — 10. *Dromadaire.* — 11. *Éléphant.* — 12. *Flamant.* — 13. *Autruche.* — 14. *Ibis sacré.* — 15. *Tortue géante terrestre.* — 16. *Python de Seba.* — 17. *Bananier.* — 18. *Latanier.* — 19. *Aloès.* — 20. *Dattier.* — 21. *Palmier dhoum.* — 22. *Welwitschie.* — 23. *Baobab.*

CHAPITRE X

L'AFRIQUE

En vingt-quatre heures, un bateau va de Marseille, ville française, à Alger, ville africaine.

Malgré cette faible distance, l'Afrique n'a été explorée par les Européens qu'au XIXe siècle ; auparavant le rivage seul en était connu. L'Afrique est trois fois plus grande que l'Europe ; du Nord au Sud, elle a plus de 8.000 kilomètres.

I. — GÉNÉRALITÉS SUR L'AFRIQUE

Situation, aspect de l'Afrique. — C'est une vaste presqu'île, séparée maintenant de l'Asie par le canal de Suez. Ce canal a été exécuté il y a quarante ans par le Français de Lesseps.

L'Afrique est beaucoup moins découpée que l'Europe. Les îles qui en dépendent sont petites et peu nombreuses ; Madagascar est la plus vaste.

L'Afrique, traversée en son milieu par l'Équateur, est située en grande partie dans la zone torride.

C'est un immense plateau, entouré de montagnes, parmi lesquelles il faut citer l'Atlas, près de la Méditerranée, et, à l'Est, les monts de l'Abyssinie, les plus hauts de l'Afrique.

Dans l'intérieur du pays se creusent des dépressions, au fond desquelles s'étendent de grands lacs comme le lac Victoria Nyanza ou le Tchad.

Fleuves de l'Afrique. — La plupart des grands fleuves de l'Afrique, le Nil, le Congo, le Zambèze, sortent de la région centrale des

Première cataracte du Nil.

lacs. Le Niger, seul des grands fleuves, naît dans les montagnes de l'Afrique occidentale.

Mais ces fleuves traversent, par des rapides dangereux ou par de brusques cataractes, les montagnes du littoral et ne sont guère navigables. Le plus curieux est le Nil qui a environ 6.000 kilomètres de longueur, coule du Sud au Nord, et finit en Égypte par un vaste delta. Un de ses affluents, le Nil Bleu, lui apporte des montagnes d'Abyssinie, à chaque printemps, d'énormes masses d'eau.

Le fleuve déborde en juin, recouvre toute sa vallée, d'ailleurs étroite, et y dépose une couche de limon qui la fertilise. L'eau retirée, on ensemence et, en quelques mois, on fait deux récoltes.

Climat du pays. — Le climat africain diffère sensiblement suivant les régions.

La zone *équatoriale* a deux saisons, celle des sécheresses et celle des pluies, pendant laquelle le pays est malsain.

Au Nord et au Sud, s'étendent deux vastes déserts, le Sahara et le Kalahari. Ce sont ici des plaines de sable, là des régions accidentées, ailleurs des plateaux rocailleux. Souvent, un vent terrible, le *simoun*, embrase l'air, soulève des tourbillons de sable et parfois ensevelit les caravanes, qui traversent ces régions désolées. Par endroits, là où se rencontrent des sources, croissent des palmiers. Ces endroits, hospita-

Vue du Sahara.

liers pour les voyageurs, sont des *oasis*.

Enfin, les régions extrêmes de l'Afrique, l'Atlas, au Nord, avec le Maroc, l'Algérie, la Tunisie, et la région du Cap, au Sud, ont un climat relativement doux et délicieux. Elles le doivent au voisinage de la mer et à l'influence des montagnes.

Productions et animaux de l'Afrique. — L'Afrique peut devenir l'un des greniers du monde.

Les régions tempérées, comme l'Algérie, produisent les *céréales, la vigne, l'olivier, l'oranger.* Dans les zones plus chaudes, croissent les *lianes à caoutchouc*, les *arachides*, dont on fait de l'huile et le *palmier-dattier*, dont le fruit est la principale nourriture des Arabes. Une

Une forêt de palmiers.

forêt inextricable couvre la zone équatoriale.

Le cheval, le mouton, la chèvre, le bœuf sont les animaux des régions tempérées. Le *dromadaire*, qui peut faire cent kilomètres sans boire ni manger, est l'animal le plus précieux du désert.

D'autres sont gracieux, comme la *gazelle*, l'*antilope*. L'*éléphant*, qui disparaît, est recherché pour ses défenses d'ivoire; l'*autruche*, pour ses plumes superbes.

En Afrique, l'homme a à compter avec des animaux dangereux : le *lion*, la *panthère*, l'*hyène*, le *chacal*, le *crocodile*, l'*hippopotame* et le *rhinocéros*.

Les habitants de l'Afrique. — Les Européens et, avant eux, des Arabes sont venus s'établir en Afrique.

Parmi les indigènes, trois types sont particulièrement intéressants.

En Algérie, les *Berbères* ou *Kabyles*. Ils ont le teint blanc, les cheveux noirs; ils sont sobres et laborieux. Les *Touaregs*, hardis pillards qui se sont réfugiés dans le désert, sont leurs parents.

Les *Cafres*, à la peau d'un brun jaune, à la chevelure crépue, habitent le Sud.

Au centre, dans les pays les plus chauds, les *nègres* sont nombreux. Ils ont la peau noire, un nez large, épaté, les lèvres grosses, la chevelure crépue, une taille élancée.

Pendant des siècles, les Européens ont indignement maltraité les nègres. Ils ont chassé, traqué, enchaîné ces malheureux pour les transporter en Amérique et les y contraindre,

Carte physique de l'Afrique.

comme esclaves, à de durs travaux.

Résumé. — 1. *Connue seulement depuis peu, l'Afrique est trois fois plus étendue que l'Europe. Elle est massive, entourée de montagnes et coupée en son milieu par l'équateur.*

2. *Elle a de grands fleuves, peu navigables cependant, à cause de chutes et de rapides : le Nil qui fertilise l'Égypte, le Niger, le Congo, le Zambèze. Au centre de l'Afrique s'étalent plusieurs grands lacs.*

3. *Chaude presque partout, l'Afrique est brûlante dans les déserts. La zone tropicale a deux saisons, l'une sèche et l'autre humide.*

4. *Le palmier-dattier est le principal arbre de l'Afrique; parmi les animaux du pays, citons le dromadaire, l'éléphant, l'autruche.*

5. *En dehors des Arabes venus d'Asie, et des Européens, on trouve en Afrique trois principaux types indigènes : les Berbères, les Cafres et les nègres.*

Questionnaire. — 1. Quelle est la situation de l'Afrique ? — 2. Que savez-vous des montagnes, du régime des eaux, des lacs et du climat de l'Afrique ? — 3. Expliquez les inondations du Nil. — 4. Quels sont les végétaux et les animaux les plus intéressants de l'Afrique ? — 5. Quels sont les habitants de l'Afrique ?

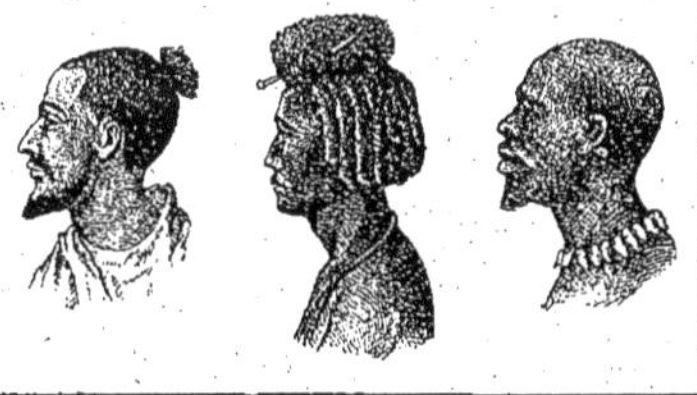

Kabyle.   *Abyssin.*   *Cafre.*

II. — LES PRINCIPAUX ÉTATS DE L'AFRIQUE.

L'Afrique n'a presque pas d'États indigènes indépendants; elle est occupée de tous côtés par les Européens, qui y ont établi des colonies pour exploiter ses ressources naturelles.

Les États indépendants de l'Afrique. — Les États libres sont dispersés dans le continent africain.

Au Nord, la Tripolitaine, possession turque, en réalité presque indépendante, étend ses rives de sable le long de la Méditerranée.

Au Nord-Ouest, l'empire du Maroc s'ouvre à la fois sur la Méditerranée et l'océan Atlantique. Accidenté par les montagnes de l'Atlas, il est arrosé du côté de la mer et est assez fertile pour donner trois récoltes par an; il a de plus de bons ports pour le commerce.

Mais le sultan, qui réside à Fez, la ville sainte, n'est pas écouté de ses sujets, musulmans fanatiques, toujours en révolte ou en guerre civile, et la France a été obligée de songer à la protection de ses frontières d'Algérie.

A l'Est, non loin de la mer Rouge, l'Abyssinie est hérissée de hautes montagnes, de rochers énormes, parfois taillés en pointe et séparés par de profonds ravins; c'est une terre volcanique usée par les eaux. Avec ses vallées bien arrosées, ses pâturages élevés, l'Abyssinie renferme de vigoureux habitants, groupés en empire par un habile conquérant, le *négus*, et accessibles à la civilisation européenne.

Les colonies européennes. — Parmi les colonies européennes, les plus anciennes remontent aux premiers efforts des Européens en Afrique; ce sont les moins importantes, comme celles de *Portugal* et d'*Espagne*, qui ne consistent que dans l'occupation d'îles ou de quelques points de la côte.

Les autres colonies, plus récentes au contraire, sont dues à des peuples plus actifs, qui cherchent des débouchés à leur industrie.

L'*Allemagne* est installée sur la côte de Guinée et, au Sud, sur la côte de l'*Atlantique* et de l'*Océan Indien*.

Carte politique de l'Afrique.

Le roi des Belges colonise depuis vingt ans l'immense domaine du Congo, un des plus grands fleuves de l'Afrique. Il y a formé un État libre, très riche en ivoire, en caoutchouc et en épices et, pour le transport de ces marchandises à la côte, les Belges utilisent la navigation du fleuve et construisent des chemins de fer.

Les colonies anglaises. — L'Angleterre possède une grande partie de l'Afrique. Elle a des situations importantes sur le golfe de Guinée ou à l'embouchure du Niger.

Installée à l'extrémité de l'Afrique australe, dans la colonie du Cap, elle commande une des routes de l'Asie. Depuis, elle a conquis par des guerres récentes les régions voisines du Nord, mises en culture par des colons d'origine hollandaise, les *Boers*, et elle tire habilement parti de toutes les richesses du pays. Les Anglais cultivent la *vigne*, élèvent les *autruches* pour en vendre

Vue du Cap.

les plumes, exploitent les *mines d'or* récemment découvertes et recherchent les *diamants*.

L'Angleterre est aussi maîtresse

du *Nil*, le plus grand fleuve de l'Afrique, qui, à la surface du plateau d'Egypte, roule ses eaux vers la Méditerranée. Les Anglais sont bien placés là, soit pour surveiller le canal de Suez, qui est la route la plus courte d'Europe vers l'Inde

Traversée du canal de Suez.

soit pour faire du commerce dans la Méditerranée par le port d'Alexandrie ou avec l'intérieur de l'Afrique par le Caire, la capitale.

Les Anglais dominent presque tout l'est de l'Afrique. Leur rêve est de réunir toutes leurs possessions de ce côté par un immense chemin de fer, qui, sur 8.000 kilomètres, conduirait du Cap au Caire à travers tout le continent.

Une rue du Caire.

Les colonies françaises. — Les colonies de la France peuvent rivaliser avec celles de l'Angleterre, en Afrique.

Entre le grand désert du Sahara et la Méditerranée, s'étend, au nord de l'Afrique, la région de l'Atlas, où la France a conquis l'Algérie et la Tunisie. Si l'intérieur est couvert de montagnes escarpées, le climat y est doux, la côte méditerranéenne est fertile en vin, en céréales, en oranges et en dattes ; elle a des ports animés : **Tunis** et **Bizerte** en Tunisie, **Bône, Alger** et **Oran** en Algérie, qui grandissent chaque jour par l'importance de leurs affaires.

A l'Ouest, la France s'est emparée de tout le cours du Sénégal et a installé un gouverneur à **Dakar**, la capitale ; à l'intérieur, la colonie s'étend jusqu'au Niger. Non loin, au Sud, sur l'Atlantique, la **Guinée française**, et, sur le golfe de Guinée, le **Dahomey**, complètent heureusement cet empire colonial, riche en caoutchouc, en gomme et en arachides. Tout cet ensemble qui est trois fois plus grand que la France, forme l'immense domaine du Soudan. Il est réuni, à l'intérieur de l'Afrique, au Sahara et ces immenses régions forment la zone soumise à l'influence française.

Au centre de l'Afrique, la France occupe encore une partie du Congo. C'est une belle colonie qui s'étend des côtes de l'Atlantique jusqu'au centre du Soudan, le long de la rive droite du fleuve du Congo. Ce pays, qu'on a appelé « un cimetière d'ivoire et une mine de caoutchouc », exporte ces deux produits ; il est très fertile et peut produire en abondance les plantes coloniales : épices, café, etc. Il est administré par un commissaire général du Congo, dont la résidence est **Brazzaville**. Cette capitale, ainsi nommée en l'honneur du grand explorateur, Savorgnan de Brazza, qui reconnut ce pays et le donna à la France. Des postes de soldats y assurent la paix publique parmi les nègres.

Au sud-est de l'Afrique, l'île de **Madagascar**, plus étendue que la France, est encore une colonie fran-

Vue d'Alger.

çaise. Madagascar a de hautes montagnes couvertes de forêts, des vallées favorables à la culture du riz, du café et de la canne à sucre. Les Français ont embelli **Tananarive**, la capitale, résidence du gouverneur général ; ils ont créé des routes et des chemins de fer et établi au nord le port de **Diégo-Suarez**

Vue de Tananarive.

pour assurer la défense de la colonie. Madagascar exporte de l'or, du caoutchouc et des bestiaux.

Non loin de Madagascar, l'île volcanique de la **Réunion** appartient aussi à la France. Peu étendue, elle a un aspect pittoresque à cause de ses volcans, dont le plus célèbre est le Piton de Neiges. On y cultive la vanille, le café et la canne à sucre ; les habitants sont d'anciens colons français, qui se sont multipliés dans cette île au climat doux et agréable.

On voit donc que la France possède en Afrique un très bel empire colonial, avec de grandes richesses naturelles. Il s'agit pour nous d'en tirer parti par le travail et des efforts suivis.

RÉSUMÉ. — *1. Quelques États de l'Afrique sont indépendants, comme le Maroc et l'Abyssinie, mais la plus grande partie du continent est occupée par les Européens.*

2. Les Espagnols et les Portugais occupent quelques parties de la côte ; les Belges et les Allemands y ont des établissements plus importants.

3. L'Angleterre, maîtresse de la colonie du Cap et de l'Egypte, cherche à établir sa domination sur toute l'Afrique orientale.

4. Les Français, de leur côté, en Algérie et en Tunisie, au Sénégal et sur le Niger, au Sahara et au Congo, ont soumis à leur influence tout le Nord-Ouest du continent. Ils se sont aussi établis récemment à Madagascar et, depuis longtemps, dans l'île de la Réunion.

QUESTIONNAIRE. — Quels sont les États indépendants en Afrique ? — 2. Décrivez le Maroc, l'Abyssinie. — 3. Cherchez sur la carte les colonies portugaises, belges, allemandes. — 4. Quelles sont les colonies anglaises en Afrique ? — 5. Décrivez la colonie anglaise du Cap, l'Egypte. — 6. Quel est le rêve des Anglais dans l'Afrique orientale ? — 7. Indiquez les colonies françaises en Afrique. — 8. Montrez l'importance de cet empire colonial de la France.

1. *Singe hurleur.* — 2. *Coati.* — 3. *Jaguar.* — 4. *Puma (lion d'Amérique).* — 5. *Ours noir.* — 6. *Tapir.* — 7. *Lama.* — 8. *Bison.* — 9. *Cabiai.* — 10. *Castor.* — 11. *Tatou.* — 12. *Paresseux.* — 13. *Tamanoir, Fourmilier.* — 14. *Condor.* — 15. *Ara.* — 16. *Tortue serpentine.* — 17. *Alligator.* — 18. *Boa.* — 19. *Palétuvier.* — 20. *Fougère arborescente.* — 21. *Agave.* — 22. *Cactus.* — 23. *Tabac.* — 24. *Cierge.* — 25. *mélèze.* — 26. *Cornélie.*

CHAPITRE XI

L'AMÉRIQUE
OU NOUVEAU MONDE

Embarquons-nous au Havre, et après six jours de traversée, nous serons sur le continent américain. L'Amérique est un pays extraordinaire : ses volcans, ses montagnes que séparent des gorges profondes, ses plaines infinies, ses fleuves immenses, l'activité fiévreuse de ses habitants, tout est pour le voyageur un sujet d'étonnement.

I. — GÉNÉRALITÉS SUR L'AMÉRIQUE

La situation et les divisions de l'Amérique. — L'Amérique comprend deux grandes parties : l'Amérique du Nord et l'Amérique du Sud, que relie une étroite bande de terre, un isthme, l'Amérique centrale. Les deux Amériques semblent aussi rattachées par le chapelet des îles des Antilles.

Ce continent touche aux deux Océans glacials et l'Équateur traverse l'Amérique du Sud.

Relief du sol. — Une longue chaîne de hauteurs volcaniques, les Montagnes Rocheuses dans l'Amérique du Nord, la Cordillère des Andes dans l'Amérique du Sud, borde le Pacifique et forme comme le point d'appui du continent.

Les cañons ou gorges des Rocheuses, les geysers ou volcans d'eau chaude font l'admiration des touristes. Dans les Andes, il y a des volcans éteints comme le Chimborazo. Ces montagnes sont sauvages; au-dessus de leurs précipices plane, dans l'air glacé, le géant des Andes, le *condor*.

Entre les deux Amériques, l'isthme de Panama se resserre à 75 kilomètres de large, et le seuil s'abaisse à environ 80 mètres. Aussi a-t-on formé le projet, qui sera bientôt exécuté, de *percer cet isthme*. La route de l'Atlantique vers le Pacifique serait ainsi abrégée.

A l'est de cette chaîne s'étend, dans les deux Amériques, une plaine infinie. Celle du Nord ou *prairie* est envahie par la grande culture; celle du Sud sert à l'élevage des troupeaux.

Le climat de l'Amérique. —

Le grand cañon, dans le parc national de Yellowston (Montagnes Rocheuses).

On trouve en Amérique les climats les plus divers.

La température est glaciale dans l'Amérique septentrionale, et à l'autre extrémité du continent, vers le pôle Sud. Une partie des États-Unis et de la République Argentine est faite de régions tempérées. La chaleur est à la fois humide et étouffante au centre, sous l'équateur.

Fleuves et lacs de l'Amérique. — Dans la vaste dépression de l'Amérique du Nord, il s'est

Chutes du Niagara.

formé *cinq grands lacs*, unis entre eux et formant une véritable mer intérieure. L'excédent de leurs eaux s'écoule vers l'Océan Atlantique par le Saint-Laurent. Entre les deux derniers lacs, le fleuve tombe d'une hauteur de 50 mètres; c'est la cataracte tant admirée du Niagara.

Le Mississipi traverse l'Amérique du Nord avec une masse d'eau énorme, chargée d'alluvions, et il se termine par un delta marécageux.

Dans l'Amérique du Sud, les fleuves principaux sont l'Orénoque, le Rio de la Plata et le fleuve des Amazones. Ce dernier est le plus important : il a plus de 6.000 kilomètres de longueur, six fois la longueur de la Loire; sa largeur est telle que souvent d'un bord on ne peut apercevoir l'autre et sa masse d'eau douce se distingue à une grande distance dans l'Océan.

Les productions de l'Amérique. — Le Nouveau Monde, à cause de son étendue, produit les plantes les plus variées : au Nord, il a les plantes d'Europe, surtout les *céréales* ; au centre, sous l'Équateur : *le coton, le cacao, la canne à sucre, le café, la vanille.* Les grandes plaines sont couvertes d'épaisses forêts vierges ou d'immenses prairies, souvent marécageuses, presque inhabitables, et qui nourrissent des troupeaux de bœufs.

Même variété dans la répartition des êtres animés : les animaux d'Europe sont un peu partout ; il y a dans les prairies et les forêts des bêtes féroces comme le *jaguar*, le *boa*, des *serpents* venimeux, de brillants *oiseaux-mouches* ; aux extrémités du continent, des animaux à fourrure : *martre, hermine, rats musqués, etc.*

L'Amérique abonde en *pétrole* et en *houille* au Nord, en *or* et en *argent* en Californie et au Mexique.

La population de l'Amérique. — Elle est encore faible relativement : 150 millions d'habitants à peu près. Mais elle croît avec une grande rapidité. Elle est formée d'éléments très divers. D'abord les débris des tribus indigènes d'Indiens : Peaux-Rouges, Hurons, Iroquois. Traqués comme des êtres dangereux, les Peaux-Rouges, rebelles à la civilisation, ne tarderont pas à disparaître.

Puis des Européens : Anglais, Français, Allemands, Espagnols, établis en Amérique, du XVIᵉ au XXᵉ siècle, comme colons, pour le dur travail des mines ou de la terre.

Enfin des nègres, amenés comme esclaves et maintenant affranchis.

Toutes ces races, plus ou moins mêlées, sont neuves, hardies et promptes à l'action, surtout au Nord.

Dans le Nord, dominent les *Anglais* ; dans le Sud, ce sont les *Espagnols* et les *Portugais*. Depuis quelques années, les *Allemands* et les *Italiens* affluent dans les deux Amériques.

Carte de l'Amérique physique.

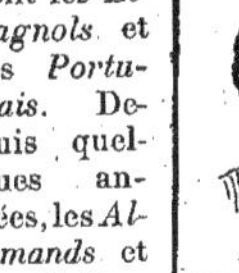

Guatémalien,   Peau-Rouge,   Patagon.

RÉSUMÉ. — *1. Le nouveau monde comprend* les **Amériques du Nord** *et du* **Sud**, *reliées par l'Amérique* centrale, *l'isthme de Panama et par les Antilles.*

2. Une longue chaîne de montagnes longe le Pacifique : ce sont les monts **Rocheux** *et les* **Andes**. *A l'Est, s'étend une plaine immense dans chacune des deux Amériques.*

3. On trouve en Amérique les climats les plus divers, et par suite, les plantes et les animaux les plus différents.

4. Les plus grands fleuves sont le **Saint-Laurent** *et le* **Mississipi** *au Nord, l'* **Amazone** *et le* **Rio de la Plata** *au Sud.*

5. La population américaine est formée d'Européens ; on y trouve aussi des nègres et quelques Indiens ou indigènes.

QUESTIONNAIRE. — 1. Indiquez la situation de l'Amérique par rapport aux pôles, à l'Équateur, aux Océans, à l'Europe. — 2. Quels sont les montagnes et les fleuves de l'Amérique ? — 3. Parlez des plaines des deux Amériques. — 4. Quelles sont les richesses de l'Amérique. — 5. Quelles sont les races qui peuplent l'Amérique ?

II. LES PRINCIPAUX ÉTATS DE L'AMÉRIQUE

Jusqu'à la fin du XVIIIe siècle, l'Amérique a été partagée entre les Européens : Anglais, Espagnols, Français, Portugais. Au XIXe siècle, la plupart des colonies américaines se sont révoltées et rendues libres. Pourtant, une partie de l'Amérique est encore sous la domination des Européens.

Colonies Européennes d'Amérique. — 1° La plus importante est le **Canada**, qui est presque aussi étendu que l'Europe. Ce pays a été français ; il est aujourd'hui une possession anglaise.

Le Canada est une contrée froide, mais saine. Il a des ressources abondantes : près des grands lacs et du Saint-Laurent ; des *céréales* ; un peu partout, des *forêts où les Canadiens chassent les animaux à fourrures.* Les trappeurs tuent, par an, 2 mil-

Palais du Parlement à Ottawa.

lions et demi de rats musqués et en 1898, près de 30,000 peaux d'ours ont été vendues en Angleterre.

Les plus grandes villes du Canada sont **Montréal** (270.000 hab.) et **Québec**, fondées par des Français. Un million et demi de Canadiens parlent notre langue et conservent le souvenir de leur origine française.

2° Au centre, une partie des Antilles appartient encore aux Anglais et aux Français. Nous y possédons la **Martinique** et la **Guadeloupe** qui comptent environ 350.000 habitants.

Ces îles produisent le *café* et le *sucre de canne*, mais elles sont souvent bouleversées par des tremblements de terre, par des éruptions volcaniques, comme celle du mont Pelé qui, en 1902, fit 40.000 victimes et détruisit la ville de Saint-Pierre.

La principale des îles anglaises est

Carte de l'Amérique politique.

la Jamaïque, qui fabrique, avec la

Une rue de Cayenne.

canne à sucre, une eau-de-vie renommée, le *rhum*.

3° **La Guyane**, dans l'Amérique du Sud, est partagée entre les Anglais, les Hollandais et les Français. Le littoral de ce pays est humide et malsain ; l'intérieur est couvert d'une épaisse forêt.

Presque inculte et déserte, la Guyane française fait triste figure à côté des colonies hollandaise et anglaise. **Cayenne**, capitale de la Guyane française, compte 12.000 habitants environ. Des montagnes verdoyantes, des bouquets de palmiers et de cocotiers, des palétuviers, rendent la ville pittoresque, pour qui la voit de la rade.

Les grands États de l'Amérique du Nord. — L'Amérique du Nord comprend deux grands États : les États-Unis et le Mexique.

Les États-Unis occupent un territoire quinze fois plus étendu que celui de la France. Leur population, de 5 millions d'habitants il y a cent ans, atteint aujourd'hui 80 millions. De petites bourgades ont grandi comme des champignons et sont devenues de grandes et riches cités.

L'agglomération de New-York a plus de 3 millions 1/2 d'habitants; un pont suspendu d'une extrême hardiesse relie la ville à son faubourg principal, Brooklyn, bâti dans une île; une statue colossale

Pont de Brooklyn à New-York.

de la Liberté, œuvre du Français Bartholdi, sert de phare à l'entrée du port. Chicago, qui n'existait pas en 1830, est maintenant une ville de 1.700.000 habitants et fait un commerce extraordinaire de grains et de porcs. Philadelphie est un port de 1.300.000 habitants. San-Francisco, sur le Pacifique, en a 350.000. Au centre des États-Unis, St-Louis grandit à vue d'œil. Washington est le siège du gouvernement. La population des États-Unis

Une maison de vingt étages à New-York.

est un singulier mélange d'*Anglais*, de *Français*, d'*Allemands*, d'*Irlandais*, etc, sans parler des *nègres* et des *Peaux-Rouges* qui vivent à part. D'une activité prodigieuse, les Américains défrichent le sol, fondent partout des usines, multiplient les chemins de fer. Ils viennent d'enlever aux Espagnols l'île superbe de Cuba, « la perle des Antilles »,

Les États-Unis forment une *république fédérale* comme la Suisse. Ils travaillent à l'achèvement du *percement de l'isthme de Panama*.

Le Mexique est un grand État, au Sud des États-Unis. Longtemps troublé par les guerres civiles, il n'a pas encore pu exploiter toutes les richesses de son sol, surtout les mines; mais depuis qu'il s'est organisé en république, il s'est pacifié et se met au travail. Sa capitale est Mexico.

Les principaux États de l'Amérique du Sud. — Le plus vaste

Vue de Rio-de-Janeiro.

et le plus peuplé est le Brésil, le plus florissant est le Chili.

1° La République du Brésil aussi vaste que les États-Unis, n'a que 16 millions d'habitants. Si elle était peuplée comme la France dans toute son étendue, elle en compterait 600 millions. Presque toute la population du pays est groupée sur les rivages de l'Atlantique ; Rio de Janeiro, ville de 500.000 habitants, est sur l'une des plus belles rades du monde.

Dans la région de l'Amazone, on peut faire 40 ou 50 lieues sans voir une habitation, et pourtant le pays est d'une fertilité inouïe. Mais le climat est trop souvent mortel aux blancs; des reptiles dangereux et des moustiques rendent ces forêts insupportables; les plantes sauvages croissent avec une telle rapidité qu'elles rendent la culture presque impossible.

Malgré tout, le pays est appelé à un grand avenir. Il produit à lui seul les 3/4 du café consommé dans le monde.

2° Le Chili occupe un long territoire, sans largeur, entre les Andes et le Pacifique. Ses principales richesses sont les *nitrates*, employés comme engrais, le *blé* et la *vigne*, les *forêts*, les *prairies* d'élevage, les mines de *cuivre*, les plus productives du monde.

Ce pays a aussi ses désavantages. Une partie du Chili est d'une sécheresse redoutable. Et, en mainte province, il faut redouter les tremblements de terre.

Le Chili est une république. Il a plus de trois millions d'habitants, intelligents, instruits et laborieux. Sa capitale est Santiago (300.000 hab.)

Ce pays profitera beaucoup du percement de l'isthme de Panama, car il sera alors relié directement à l'Europe.

Les États secondaires de l'Amérique. — La plupart des autres États américains sont déchirés par des luttes intestines. C'est ce qui explique leur faiblesse et la lenteur de leurs progrès.

RÉSUMÉ. — 1. *Les Européens ont encore des colonies en Amérique. La plus importante est le Canada, à l'Angleterre; les Français sont maîtres de la Guadeloupe et de la Martinique, dans les* Antilles.

2. *Les États-Unis forment la république la plus riche, la plus peuplée, la plus puissante du nouveau monde. Elle a de grandes villes :* New-York, Chicago, Philadelphie, San-Francisco, Saint-Louis. *Sa capitale est* Washington. *Les Américains progressent à pas de géants.*

3. *Le Brésil, qui produit une énorme quantité de café, est le plus important des États de l'Amérique du Sud, le Chili vient ensuite.*

QUESTIONNAIRE. — 1. Quelles sont les principales colonies européennes en Amérique? Que savez-vous du Canada? de la Guyane? des Antilles? — 2. Parlez des États-Unis, de leur étendue, de leurs richesses, de leurs villes, de leurs habitants. — 3. Que savez-vous du Brésil? Dites pourquoi il est si peu peuplé. — 4. Parlez du Chili.

EXERCICES. — 1. Comparez l'Amérique du Nord et l'Amérique du Sud : situation, aspect, climat, etc. — 2. Comparez l'Amérique du Nord à l'Europe : mers, produits, habitants... — 3. Comparez l'Amérique du Sud à l'Afrique : situation, produits, etc...

1. *Orang-outang.* — 2. *Pérambe.* — 3. *Babiroussa.* — 4. *Bélidé.* — 5. *Phalanger.* — 6. *Kangourou.* — 7. *Phascolome.* — 8. *Thylacine.* — 9. *Buffle.* — 10. *Échidné.* — 11. *Ornithorynque.* — 12. *Émeu.* — 13. *Oiseau Lyre.* — 14. *Kakatoès ou Cacatois.* — 15. *Aptéryx.* — 16. *Crocodile.* — 17. — *Café.* — 18. *Igname.* — 19. *Eucalyptus.* — 20. *Araucaria.* — 21. *Fougère.* — 22. *Pandanus.* — 23. *Cocotier.*

CHAPITRE XII

L'OCÉANIE

L'Océanie est l'ensemble des îles semées dans l'Océan Pacifique. Ces îles sont d'étendue très variée ; la plus grande est l'Australie.

L'Australie. — Cette grande île n'est encore peuplée qu'en partie. Les Anglais se sont établis sur les côtes méridionales, bordées de montagnes bien arrosées et fertiles ; là sont bâties les grandes villes de **Melbourne** et **Sydney** (5oo.ooo hab.). Le Centre et l'Est sont des plaines désertiques.

L'Australie fut d'abord peuplée par les déportés anglais, puis par les émigrants, qu'attira la découverte des mines d'or.

La grande ressource de l'Australie n'est cependant pas l'or, c'est la *laine.* Certains propriétaires possèdent plus de 1oo.ooo moutons et envoient leur laine par cargaisons énormes à Londres.

Parmi les arbres de l'Australie, le plus curieux est *l'eucalyptus,* qui croît rapidement et qui atteint jusqu'à 15o mètres de hauteur. Très avide d'eau, il dessèche et assainit les pays marécageux.

Les indigènes sont de tristes représentants de l'humanité : ils sont presque noirs avec un crâne aplati et une mâchoire proéminente; leur intelligence est très bornée.

La **Nouvelle-Zélande**, est aussi une possession anglaise. Agitée par des volcans, elle a une agriculture et une industrie prospères.

Autres îles de l'Océanie. — La plupart de ces îles ne servent guère que de stations pour les vaisseaux européens.

Parmi les îles françaises, deux sont intéressantes : la **Nouvelle-Calédonie**, où sont envoyés les condamnés, et **Taïti**, dont le climat est délicieux. Les Canaques, habitants de la Nouvelle-Calédonie, étaient naguère encore des anthropophages.

Les **Taïtiens** sont beaux, intelligents, aimables, mais indolents.

Résumé. — 1. *L'Océanie comprend de nombreuses îles disséminées dans l'Océan Pacifique.*

2. *L'Australie est une possession anglaise qui produit de l'or et de la laine. Elle se peuple rapidement et ses villes principales sont* **Melbourne** *et* **Sydney**.

3. *Les possessions françaises de l'Océanie sont la* **Nouvelle-Calédonie** *et* **Taïti**.

Questionnaire. — 1. Quelles sont les principales îles de l'Océanie? — 2. Que savez-vous de l'Australie? de ses richesses, de ses habitants, de ses villes? — 3. Quelles sont les principales îles françaises de l'Océanie?

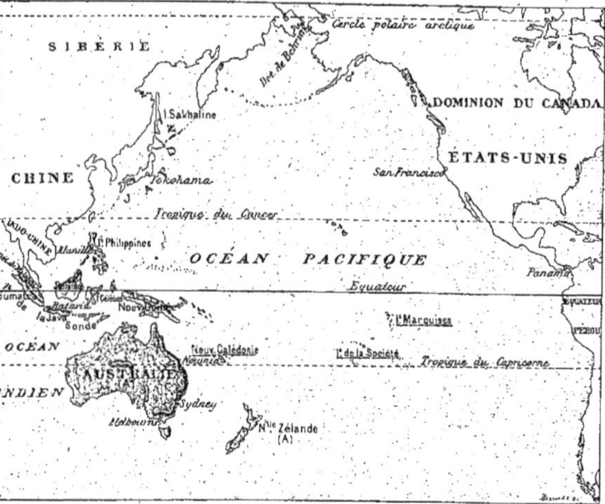

Carte de l'Océan Pacifique.

LISTE DES DÉPARTEMENTS

DE LA FRANCE

avec l'indication des chefs-lieux

DÉPARTEMENTS	CHEFS-LIEUX	DÉPARTEMENTS	CHEFS-LIEUX
1. Ain	*Bourg.*	46. Lot	*Cahors*
2. Aisne	*Laon.*	47. Lot-et-Garonne	*Agen.*
3. Allier	*Moulins.*	48. Lozère	*Mende.*
4. Alpes (Basses-)	*Digne.*	49. Maine-et-Loire	*Angers.*
5. Alpes (Hautes-)	*Gap.*	50. Manche	*Saint-Lô.*
6. Alpes-Maritimes	*Nice.*	51. Marne	*Châlons-sur-Marne.*
7. Ardèche	*Privas.*	52. Marne (Haute-)	*Chaumont.*
8. Ardennes	*Mézières.*	53. Mayenne	*Laval.*
9. Ariège	*Foix.*	54. Meurthe-et-Moselle	*Nancy.*
10. Aube	*Troyes.*	55. Meuse	*Bar-le-Duc.*
11. Aude	*Carcassonne.*	56. Morbihan	*Vannes.*
12. Aveyron	*Rodez.*	57. Nièvre	*Nevers.*
13. Bouches-du-Rhône	*Marseille.*	58. Nord	*Lille.*
14. Calvados	*Caen.*	59. Oise	*Beauvais.*
15. Cantal	*Aurillac.*	60. Orne	*Alençon.*
16. Charente	*Angoulême.*	61. Pas-de-Calais	*Arras.*
17. Charente-Inférieure	*La Rochelle.*	62. Puy-de-Dôme	*Clermont-Ferrand.*
18. Cher	*Bourges.*	63. Pyrénées (Basses-)	*Pau.*
19. Corrèze	*Tulle.*	64. Pyrénées (Hautes-)	*Tarbes.*
20. Corse	*Ajaccio.*	65. Pyrénées-Orientales	*Perpignan.*
21. Côte-d'Or	*Dijon.*	66. Rhin (Haut-)	*Belfort.*
22. Côtes-du-Nord	*Saint-Brieuc.*	67. Rhône	*Lyon.*
23. Creuse	*Guéret.*	68. Saône (Haute-)	*Vesoul.*
24. Dordogne	*Périgueux.*	69. Saône-et-Loire	*Macon.*
25. Doubs	*Besançon.*	70. Sarthe	*Le Mans.*
26. Drôme	*Valence.*	71. Savoie	*Chambéry.*
27. Eure	*Évreux.*	72. Savoie (Haute-)	*Annecy.*
28. Eure-et-Loir	*Chartres.*	73. Seine	*Paris.*
29. Finistère	*Quimper.*	74. Seine-Inférieure	*Rouen.*
30. Gard	*Nîmes.*	75. Seine-et-Marne	*Melun.*
31. Garonne (Haute-)	*Toulouse.*	76. Seine-et-Oise	*Versailles.*
32. Gers	*Auch.*	77. Sèvres (Deux-)	*Niort.*
33. Gironde	*Bordeaux.*	78. Somme	*Amiens.*
34. Hérault	*Montpellier.*	79. Tarn	*Albi.*
35. Ille-et-Vilaine	*Rennes.*	80. Tarn-et-Garonne	*Montauban.*
36. Indre	*Châteauroux.*	81. Var	*Draguigan.*
37. Indre-et-Loire	*Tours.*	82. Vaucluse	*Avignon.*
38. Isère	*Grenoble.*	83. Vendée	*La Roche-sur-Yon.*
39. Jura	*Lons-le-Saulnier.*	84. Vienne	*Poitiers.*
40. Landes	*Mont-de-Marsan.*	85. Vienne (Haute-)	*Limoges.*
41. Loir-et-Cher	*Blois.*	86. Vosges	*Épinal.*
42. Loire	*Saint-Etienne.*	87. Yonne	*Auxerre.*
43. Loire (Haute-)	*Le Puy.*	88. Alger	
44. Loire-Inférieure	*Nantes.*	89. Oran	
45. Loiret	*Orléans.*	90. Constantine	

Paris. — Imp. PAUL DUPONT, 4, rue du Bouloi (Cl.). 855.9.1908